AF381434

Das Denken ist das Sein. Dennoch liegt allem unserem Tun die Voraussetzung der Einheit des Denkens und des Seins zugrunde. Diese Voraussetzung machen wir als vernünftige, als denkende Wesen. Es ist jedoch wohl zu unterscheiden, ob wir nur denkende sind oder ob wir uns als denkende auch wissen.

"Es gibt zwei Möglichkeiten unbedarft durchs Leben zu gehen. Entweder man glaubt alles oder bezweifelt alles. Beide Wege bewahren dich davor selbst zu denken."

Alfred Korsinski, poln. Philosoph

Die Schande ein Mensch zu sein

„Stolz ein Misanthrop zu sein"

von

Erich Beyer

Was viele denken, aber Angst haben es aus zu sprechen. „Wir sind nicht alle gleich!"

INHALTSVERZEICHNIS:

Vorwort: Seite 007

Ein neues Buch, ein neuer Anfang!   Seite 016

Wir sind nicht alle gleich, das ist ein Fakt.   Seite 035

Meldungen die man nicht vergessen sollte.   Seite 059

Intermission   Seite 065

Internet, Zufluchtsort für Chaoten und Idioten!   Seite 069

Bald ganz Afrika und naher Osten in Europa!   Seite 072

ORF und anderen unnötige Medien!   Seite 074

Nachwort: Seite 080

Bücher die noch von mir erschienen sind: Seite 086

Über den Autor   Seite 099

Die Berichte von meinen anderen Büchern wie von **„Zum Denken vorurteilt"** oder **„Mit jeder APP wirst mehr zum Depp"** oder **„Wie weit können wir noch verblöden"** und **„Alles was bleibt ist negativ"** werde ich dann immer in „*Kursiv*" bringen. Da aber viele meine ersten vier Bücher nicht gelesen haben, dürfte es für den Leser doch interessant sein, vor allem da viele Themen trotzdem sie vielleicht schon 35 Jahre alt sind, noch immer aktuell sind, weil sich weder in Österreich, noch in der Welt nicht viel, außer daß es **NEGATIV** wurde, so traurig es ist, geändert hat!

Genau so werde ich, wie in meinen Büchern vorher, eher nicht *konventionell,* und wie es mir beliebt, eine **„Intermission"** einfügen, wie es in einem „*Livebericht*" wäre. Da ich ja kein Schriftsteller bin, ist es mir egal ob es gefällt oder richtig ist.

Wohnmobil statt Segelboot

Ein neuer Versuch unserem Leben einen Sinn zu geben!

Wichtig ist nicht, was und wie man etwas schreibt, sondern, daß man es schreibt. Ich bin kein Schriftsteller, weil mir die Gabe der ausschmückenden und leider nur allzuoft höchst fantasievollen Schriftstellerei fehlt. Ich sehe mich eher in der Position eines Berichterstatters, eines Journalisten. Ein Bericht ist immer noch die ehrlichste Form, um Begebenheiten und Situationen möglichst objektiv in einer lesbaren Art und Weise mit den dazugehörigen Erklärungen darzustellen. So wie es früher einmal die Journalisten dargestellt haben. Aber leider wird heutzutage nur mehr Sensationsjournalismus gebracht, um höhere Verkaufsquoten zu erzielen, dabei steht die Wahrheit eher weit „hinten".

Obwohl ich natürlich sicher kein Philosoph bin, versuche ich hier doch dieses Leben was angeblich die „Menschen" jetzt leben, mal philosophisch zu betrachten und darüber etwas zu „philosinieren" um ein neues Wort dafür zu kreieren. Einer der Gründe warum ich angefangen habe, über die Menschheit und ihr dasein, nachzudenken. Dabei möchte ich feststellen und beweisen, daß wir „Menschen" nicht alle gleich sind, auch wenn es die „Gutmenschen" und „NGO's" so gerne behaupten, sie dabei aber sicher nicht wirklich wissen was in der echten Welt so vor sich geht, geschweige denn, die Welt wirklich gesehen haben, geschweige denn, wissen wie die Menschen dort wirklich sind. Wie sagte da schon Humbold:

„Die gefährlichste Weltanschauung ist von Leuten, die sich die Welt noch nie angeschaut haben!"

Da es ja so vertrottelte Sprüche gibt, wie: „Man sollte nicht in der Vergangenheit leben, sondern in der Zukunft", muß ich feststellen, wir haben keine Zukunft mehr, mit dieser Menschheit und wie es mit der Preisexplosion von Lebensmittel, Treibstoff, Strom und Gas jetzt passiert, und dazu noch der Krieg in der Ukraine und den Flüchtlingsströmen von allen Teilen der Welt, wo eigentlich nicht wirklich ein Ende zu sehen ist. Wie ich es trotzdem schaffe immer noch positiv zu sein, liegt an meiner Partnerschaft mit meiner Frau Gabriela und an unseren Hund „Shiva" die wir auch „La Bestia" oder „Krawallo" nennen. Und da ich (wir) mit unseren Leben eigentlich zufrieden sind, darf ich mich nicht beschweren, solange ich mit meinen nun 73 Jahren noch halbwegs gesund bin, vom „Tinitus" und ein paar TIA Anfällen mal abgesehen, und ich die 260 Stufen in unser Haus am Rolandsberg noch schaffe, auch mit 10 kg im Rucksack!

Alles das habe ich bereits in meinem Buch „Zum Denken verurteilt" geschrieben, wo ich auch bereits meine Meinung kund getan habe, und es mag vielleicht etwas überheblich klingen, wenn ich jetzt aus Horaz' Ars Poetica 365 zitiere:

„Haec placuit semel, haec deciens repetita placebit"[1]

Man kann nämlich gar nicht so oft etwas wiederholen, das es sich der Durchschnittsbürger auch wirklich merkt, geschweige denn diese fünf Kategorien von Menschen. Ich gebe zu, ich werde in diesem Buch sehr viele Bereiche wiederholen und aus meinem „Zum Denken verurteilt" rein stellen, weil sie 1. Noch immer voll zutreffen und 2. Weil dort sehr viel von mir autobiographisch gewesen ist, was jetzt nicht primär ist, und 3. Weil vielleicht dann mehr Leute die noch immer zutreffenden Geschichten lesen können, die sie sicher nicht lesen würden, wenn sie 30.- € für ein Hardcover Buch ausgeben müßten, und dieses Buch doch günstiger in den Handel kommen wird. Deshalb die vielen Wiederholungen der Berichte, und viele werden sicher mein

---

[1] Dieses hat einmal gefallen, dieses wird zehnfach wiederholt gefallen.

Erstes Buch nicht gelesen haben, also könnte es trotzdem interessant für viele sein, diese Geschichten das erste Mal zu lesen, also gar keine Wiederholung für sie ist. Bei jenen Wenigen die sich mein Buch „Zum Denken verurteilt" gekauft haben und auch gelesen, bitte ich um Entschuldigung, das ich mich hier wiederhole, aber wie Studien gezeigt haben, und auch meine eigenen Recherchen , merken sich die Leute nicht mal die Nachrichten die sie vor zwei Stunden gesehen haben, noch was sie vor einiger Zeit in einem Buch gelesen haben. Leider auch nicht die engsten Freunde, wissen noch was ich geschrieben habe, also was soll's, wenn ich hier was wiederhole?

Meiner Meinung nach gibt es auf der Welt (nicht nur in Österreich) fünf Kategorien von Leuten:

„Nasenbohrer, Kelchfresser, Freaks, Mundls und Ferngesteuerte"!

Vielleicht sollte ich kurz erklären, wie ich zu diesen Ausdrücken und Kategorien gekommen bin, obwohl man sicher noch mehrere Kategorien finden könnte, eine davon habe ich als sechste Kategorie noch angehängt:

<u>NASENBOHRER</u>:

Ich glaube, diesen Ausdruck braucht man nicht weiter zu erklären, und wenn ich an diverse Aufnahmen von versteckten Kameras denke, die ich schon gesehen habe - was dann manche mit den „Rammeln" machen, die sie aus der Nase holen - kommt mir das Grausen. Man könnte sie auf gut wienerisch auch ganz einfach als „Ungustln" bezeichnen.

<u>KELCHFRESSER</u>:

Ich muß zugeben, dieser Ausdruck ist nicht mir eingefallen, sondern stammt von dem Oberkellner eines Vier Sterne Hotels und Restaurants

„Am Tulbinger Kogel". Er bezeichnete jene Leute so, die am Sonntagnachmittag in den Gastgarten kamen, sich ein Cola oder Bier bestellten, und das nur sehr ungern, obwohl sie natürlich die Tische besetzten - und dann die Pausenbrote auspackten und verzehrten, während ihre „Terroristen" (Kinder) im Gastgarten lärmend „Fangen spielten"! Meiner Meinung nach trifft diese Bezeichnung voll zu.

FREAK:

Wenn man sich die Leute heute ansieht, die herumlaufen, ist dieser Ausdruck auf viele zutreffend, obwohl diese als „normal" bezeichnet werden. Er hat nicht allein mit einer körperlichen Mißbildung zu tun, für die kann jemand nichts, und ich würde ihn deshalb nicht als „Freak" bezeichnen, sondern der Begriff steht für alle Verrückten, Ausgeflippten, Exzentriker, Fixer und wunderlichen grotesken Typen, die „frei" herumlaufen. Wer die alte geliftete „Großlippe", die in fast allen Seitenblicken zu sehen ist, mal gesehen hat, weiß was ich meine. Gegen die sind ja „Mausi" und „Mörtel" noch eine „Straferleichterung"!

MUNDL:

Aus der Fernsehserie bekannt geworden, leider aber alltäglich vertreten und eher nicht zum Lachen, sondern eher zum Weinen. Diese Kategorie ist an Stammtischen vertreten und auf der Donauinsel, wo sie mit Handtüchern ihre Stammplätze verteidigt und sich größtenteils für Fußball interessiert, mit sehr begrenztem Horizont. Im Ausland will man dann oft genug im „Boden versinken", wenn man auf seine Landsleute trifft, und Alkoholkonsum dieser Gruppe verstärkt den Eindruck noch. Das ist dann der Zeitpunkt, wo ich nicht sehr stolz bin, ein Österreicher zu sein. Aber wenn ich den Ausdruck „Mundl" nun speziell auf Deutschland münzen müßte, dann könnte man zu jenen Typen vielleicht „deutscher Michl" sagen. Wie es bei „Mundl" den „Wiener" im Ursprung bezeichnet, ist es bei „deutscher Michl" die spöttische und abwertende gebrauchte Bezeichnung für den Deutschen. Der Begriff wurde bereits 1541 in S.FRANCKS „Sprichwörter Sammlung" als Bedeutung des ungebildeten, einfältigen Menschen aufgezeigt. In einer Karikatur zeichnet man ihn als Bauernburschen mit Kniehosen und Zipfelmütze, als Symbol der Einfalt und Verschlafenheit. Bei uns würde man ihn als Hilfsarbeiter mit blauen Arbeitsgewand und Bierflasche zeichnen. Beides steht aber für den gutmütigen und einfältigen Durchschnittsbürger, der sich seiner Machthaber, in unserem Fall der Regierung, nicht zu erwehren weiß.

<u>FERNGESTEUERTE:</u>

Eigentlich fast jeder, nur findet man die am stärksten Ferngesteuerten im Bereich der sogenannten „oberen Gesellschaft", die es aber sicher vehement abstreiten würde. Nur diesen „Ferngesteuerten" der „High Society" oder „Hautevolee[2]" - egal wie man sie nennen mag -, kann man einreden, in sogenannten „In Lokalen" für ordinäre „Krautfleckerln" horrende Summen zu bezahlen und nichts zu sagen, selbst wenn sie warmes Bier serviert bekommen. Durch jene wird meine persönliche Freiheit am meisten eingeschränkt. Nur habe ich wenigstens so viel Selbstvertrauen, daß ganz alleine „Ich" bestimme, welches Lokal „In" ist und welches nicht, und solange ich nicht hingehe, ist es sicher kein „In" Lokal. Aber dieses Selbstvertrauen kann man leider auch nicht mit sehr viel Geld kaufen, und deshalb kann ich die Typen in der „Reisbar" und sonstwo nur mitleidig verachten. Es sind die „Ferngesteuerten", die behaupten mit ihrem freien Willen entschieden zu haben, was sie kaufen: sie kaufen einzig die „Modefarbe" der Saison natürlich, nur weil sie jedes Jahr allein an dieser Gefallen gefunden haben, oder nur die

---

[2]   franz. Vornehme Gesellschaft

Lieder, die ihnen vom Radio täglich Dutzende Male vorgespielt wurden, die sie aber selber frei ausgewählt haben; wehe man wagt ihnen zu sagen, es wurde ihnen einsuggeriert. Im „Micky Maus Land" habe ich festgestellt, daß der Ausdruck „Schafe" auch voll zutrifft. Hier kommt der größte Hohn zum Vorschein, wenn behauptet wird: „Werbung läßt einem die freie Entscheidungskraft"

Nun habe ich bereits ein großes Problem um einen Namen für die sechste Kategorie zu finden, ohne daß ich hier nicht schon einen großen Teil der Leser, auf das fürchterlichste zu beleidigen. Denn wie soll ich die Leute bezeichnen, die ich hier beschreiben will, um mich verständlicher Auszudrücken, möchte ich Einstein zitieren:

„Um sich in einer Schafherde wohl zu fühlen,

muß man vor allem ein Schaf sein"

Wie soll ich nun die sechste Kategorie nennen, um zu verhindern, wenn überhaupt von diesen Kategorien von Leuten auf die Idee kommt mein Buch zu kaufen und zu lesen, daß sie das Buch nicht gleich voll beleidigt weglegen? Niemand hat es gerne, wenn ihm jemand einen Spiegel vors Gesicht hält, und er sich dann wirklich selbst erkennt. Und schon wieder muß ich Jean Jacques Rousseau (1712-1778) zitieren:

„Hüte dich denjenigen die Wahrheit zu sagen,

die nicht imstande sind sie zu begreifen"

Also fällt es mir hier wirklich schwer, ohne überheblich zu klingen, hier einen Ausdruck zu finden, der nicht voll beleidigend ist, denn mir fällt dazu eigentlich nichts anderes ein. Wäre ich wirklich ein Schriftsteller, der ich aber sicher nicht bin, bestens ein „Berichterstatter", täte ich mir leichter. Ich wage es überhaupt nur, solche Beurteilungen über das, meiner Meinung nach, immer mehr zur totalen Verblödung neigende Volk, weil ich mit meinen nun 73 Jahren, und sicher sehr bewegten Leben, genug Erfahrungen gesammelt habe, um hier Vergleiche anstellen zu können. Für mein Buch *„Mit jeder APP wirst mehr zum Depp"* habe ich diese neue Kategorie hinzu fügen müssen.

Hier ist jedenfalls die sechste Kategorie, nicht nur der Österreicher, sondern der gesamten Menschheit:

<u>SELFIDOTEN:</u>

Ja, es geht um „Selfies" und natürlich über die Ferngesteuerten die sie machen. Es ist die Ärgste „Pandemie" die hier ausgebrochen ist, auf der ganzen Welt stehen die „Vollkoffer" mit ihren Smart Phones und machen ihre „Selfies" oder starren, ohne auf ihre Umgebung zu achten, auf den kleinen Bildschirm, ohne Rücksicht, wo immer sie sich auch bewegen. Sie klettern sogar über Umzäunungen oder Absperrungen um ein für sie anscheinend wichtiges „Selfie" zu bekommen. Zum Glück stürzen dann manche ab und kommen ums Leben, womit der Natur wieder gerecht wird und wir einen „Selfidoten" weniger haben. Da sind Leute dabei, die nie in ihrem Leben auch nur einmal einen Fotoapparat in der Hand hatten, die jetzt sinnlos durch die Gegend fotografieren, oder ein „Selfie" mit einem „Prominenten" machen, warum auch immer?

Warum jemand mit einem „Fußball Star", Filmschauspieler oder sogar mit unserer Politikern ein „Selfie" will, ist mir völlig unerklärlich, solche Leute sollten sich in „Behandlung" begeben, denn warum die so was tun, vor allem wem es was bringt, werde ich nie verstehen können. Nur bei wirklich voller „geistiger Umnachtung" könnte mir so etwas einfallen, und ich hoffe nur, niemals in eine solche Demenz zu fallen, um auf eine solch tiefe geistige Ebene zu sinken.

13

Der Fakt ist: die Smart Phones wurden zur Geisel der Menschheit und sie verblödet sie noch mehr, als sie sowieso schon ist. Zu den „Selfidoten" könnte man noch eine Untergruppe, nämlich die „Appitoden" dazu fügen, wo es ja solche Vollkoffer gibt, die sich jede nur mögliche APP runter laden und sogar noch stolz darauf sind, mehr APP's als ihr Freund zu haben, da kann man dann auch nur mehr verwundert sagen, was nützt dann ein Datenschutz noch?

Wie ich schon in *„Zum Denken verurteilt"* und in *„Mit jeder APP wirst mehr zum Depp"*, und *„Wie weit können wir noch verblöden?"* geschrieben habe, und somit mache ich hier freiwillig Werbung für ein Buch, denn man müßte diese Kategorien dazu zwingen können, von Thomas Wieczorek, sein Buch *„Die verblödete Republik"* zu lesen. Es ist zwar über Deutschland, aber man kann es 1:1 auch für Österreich verwenden.

Warum ich nun, bereits an meinem 26igsten Buch schreibe ist mir selber etwas unklar, (Davon haben allerdings 20 über mein Leben am Segelboot gehandelt) aber um es vielleicht mit den Worten von Mundl auszudrücken: *„Mir gehen die Leute und die Situation in Österreich, fest auf den Sack"* Dabei hat es sicher nicht mit „Covid 19" (Corona) zu tun, denn für mich hat sich nicht viel geändert, ich treffe sowieso nicht gerne Leute, noch gehen mir Theater oder Museen ab, die kann ich mir sowieso nicht leisten, und was den Einkauf betrifft, ich brauche weder alle paar Wochen neue Schuhe, Gewand oder Möbel, geschweige denn ein neues Handy. Was die Lebensmittel betrifft, selbst als alle Idioten die Supermärkte stürmten um WC – Papier zu horten, was überhaupt nicht verständlich ist, denn wenn sie wirklich Angst haben, daß alles ausgeht und sie nichts mehr zu essen bekommen, dann brauchen sie auch kein WC Papier mehr, weil sie auch nichts mehr zum „scheißen" haben!

Im Supermarkt von *Petite Martinique*, wo wir jahrelang auf unseren Segelboot lebten, gab es noch weniger an Auswahl von Lebensmittel als zur ärgsten Zeit bei uns wo alle Supermärkte leer geräumt wurden. Leider wurde am 3. Jänner 2021 unsere „Key of life I" auf ein Riff getrieben und bis jetzt sicher schon alles geplündert, was gebraucht wurde. Leider ist es in der Karibik egal ob man jemanden dafür bezahlt um seine Muring und Anker zu kontrollieren, sie werden sich trotzdem nicht darum kümmer, wie hunderte Mal bewiesen ist, und ich auch darüber berichtet habe. Speziell in der „dritten" Welt wie Grenada, wo es sicher keine Gesetze gibt die „Ausländer" beschützen, eher das Gegenteil ist dort der Fall, nur in Österreich haben Asylanten, Flüchtlinge und Migranten mehr Rechte als gebürtige Österreicher. Wozu ich aber keine Migranten zähle, nur weil sie in Österreich geboren wurden, aber weder unsere Sprache lernen wollen, geschweige denn unsere Gesetze, Religion und Sitten anzunehmen, dafür aber unser Gesundheitssystem ausnützen und alle Sozialleistungen ausnutzen wo es nur geht. Wer mehr darüber wissen will, bitte auf www.segelclub.ankh-refugium.com nachlesen, oder sich eines meiner Bücher, nicht nur unbedingt über das Segeln kauft, hier der link zu allen Büchern:

https://www.bod.de/buchshop/catalogsearch/result/?q=erich+beyer

Um hier nochmals etwas zu zitieren was Einstein schon sagte:

„Er ist sich nicht sicher ob das Universum unendlich ist,

aber er ist sich sicher bei der Blödheit der Menschheit!"

Warum ich jetzt schon wieder an einem Buch schreibe, sagte schon Paulo Coelho:

„Eines Tages wirst du aufwachen und keine Zeit mehr haben für die Dinge, die du immer wolltest. Tu sie jetzt."

Ein neues Buch, ein neuer Anfang!

Warum ich gerade am Freitag den 13. Jänner 2023, in unseren Urlaub in Skradin / Kroatien, versuche einen Anfang für dieses Buch zu finden, ist mir selber nicht ganz klar. Vielleicht weil 2012 an diesem Tag die *„Costa Concordia"* ein Kreuzfahrtschiff, in Italien vor der Insel „Giglio" auf Grund lief und 32 Menschen sterben mußten, weil der Kapitän ein Vollidiot war? Oder weil ich von unseren Freunden Jackie und Yve, die gerade in „Petite Martinique" auf Urlaub sind, und mir mitgeteilt haben, daß sie nun das Wrack von unserer „Key of life" vor der Küsten versenkt haben. Oder weil mir die Nachrichten aus Österreich, von der neuen Parlamentseröffnung mit einer Renovierung von 450.000.000 € wieder genug „Stoff" zum nachdenken geben, wenn ich bedenke, das in der heutigen Krise, aber anscheinend genug Geld vorhanden ist, um für einen vergoldeten „Bösendorfer Flügel" eine Monatsmiete von 3000.- € vorhanden ist, der dort ausgestellt ist!

Wo ich anmerken muß, meine Frau und ich, würden froh sein zusammen so viel an Pension zu bekommen, weil so wie viele mit Mindestpension nicht mal 1000.- € im Monat haben. Ich bin nicht sicher ob es ihnen was hilft sich dafür jetzt den „Flügel" im Parlament ansehen zu können, denn im Restaurant dort essen zu gehen, werden sie sich nicht leisten können. Es ist schon schön zu wissen, daß alles für das Volk gemacht wird, oder etwa doch nicht?

Vielleicht ist aber gerade ein Freitag der 13. der richtige Tag um ein Buch mit philosophischen Betrachtungen und Themen zum Nachdenken zu beginnen. Jedenfalls versuche ich hier wieder, obwohl ich kein Schriftsteller bin, ein paar Dinge aufzuzeigen, über die manche nicht mal nachdenken, geschweige denn, sich trauen sie auszusprechen, wie ich es ja schon in meinen Büchern von früher schon angesprochen habe. Oder weil heute eher ein trüber Tag ist und keine Ausflüge geplant sind. Jedenfalls genügen die Nachrichten, sei es von den „Klima

Terroristen" die sich an die Straßen kleben, oder der Krieg in der Ukraine und was sich sonst mit Verbrechen nur alleine in Österreich so tut, um wieder mal darüber zu schreiben, weil die verblödete Menschheit ja immer sehr schnell alles vergißt!

Leider habe ich jetzt wieder Zeit am Buch weiter zu arbeiten, weil wir nun wieder In Klosterneuburg zurück sind, und uns der Winter eingeholt hat. Vor allem auch wieder alle Nachrichten über mich ergehen lasse, wahrscheinlich als eine Art „Selbstgeißelung" um mich selber zu quälen. Ob die Informationen immer wichtig sind, steht natürlich in Frage, wie z.B. das Internet am 20. Jänner 1988 in Österreich zum ersten Mal in Einsatz kam, da Aber nur für die Wissenschaft! Nun kann es aber leider jeder Vollkoffer nutzen, und damit wird auch genug „Schindluder" damit angerichtet, wo der Schaden in die Milliarden geht, was der Menschheit damit zugefügt wurde. Wie weit hier der Schaden - Nutzen Rechnung ist, kann ich leider nicht sagen, aber ein paar Dinge sind mir schon sehr unverständlich.

Wie weit es für unsere Politiker und Regierung, es wichtig erscheint, das in „Hinterstinkenbrunn" und „Kikritzpotschn" ein Breitband Internet eingerichtet werden muß, damit man die „ferngesteuerten Nasenbohrer" besser überwachen kann, denn es ist sicher nicht immer eine Erleichterung in unserem Leben, eher eine Beeinträchtigung unserer Freiheit! Orwell hat mit seinem „1984" sicher noch weit untertrieben! Dafür nimmt man aber in Kauf, wie man in Osttirol Lienz gesehen hat, das Leute über drei Stunden bei einem Augenarzt anstehen müssen um noch eventuell einen freien Termin für 2023 zu bekommen, weil er der einzige Kassenarzt ist. Aber es haben ja schon andere Leute gescheite Sachen über Regierungen und ihren Machenschaften gesagt:

Das noch mal zur Regierung:

**REGIERT ZU WERDEN HEISST,
BEI JEDER HANDLUNG, JEDEM GESCHÄFT, JEDER
BEWEGUNG NOTIERT, REGISTRIERT, ERFASST, TAXIERT,
GESTEMPELT, VERMESSEN, BEWERTET, VERSTEUERT,
PATENTIERT, LIZENZIERT, AUTORISIERT,
BEFÜHRWORTET, ERMAHNT, BEHINDERT, BERICHTIGT ...
AUSGENÜTZT, BEHERSCHT, ERPRESST, GEDRÄNGT,
GETÄUSCHT, BERAUBT ZU WERDEN; ALLES IM NAMEN
DES ÖFFENTLICHEN NUTZENS UND DES GEMEINWOHLES.**

**Zitat des französischen Sozialtheoretikers Pierre-Joseph Proudhon
(1809-1865) aus seinen 1851 erschienen Buch**

"Idèe gènèrale de la rèvolution au XIXème siècle"

Also es dürfte unserem Volk aber egal sein, was die Regierung als wichtig empfindet und was nicht, denn sonst würden sie solche Politiker nicht in ihrem Amt lassen, und mal auf die Barrikaden gehen, aber wie sagte schon mal Rosa Luxenburg:

„Wenn Wahlen was verändert würden, dann würde man sie verbieten"

Ich habe in meinen vorigen Büchern schon aufgezeigt, wieso eine Demokratie nicht funktionieren kann, wenn unsere sechs Kategorien als Wahlberechtigte, eine Regierung und unsere Politiker wählen dürfen. Also darf man den Politikern gar nichts vorwerfen, denn die eigentliche Schuld liegt ja beim verblödeten Volk, die sie in ihre Positionen gewählt haben. So ähnlich ist es ja auch, was diverse TV Serien betrifft, nicht nur die im Hintergrund stehen und solche Serien, wie „Bauer sucht Frau", „Amore unter Palmen" produzieren können und dürfen, sonder einen großen Teil der Schuld daran, stehen die „Menschen" die sich so was ansehen, denn ohne sie würde es solche Serien nicht geben. So ähnlich ist es bei dem jetzigen Fall von Pädophilie vom Burgschauspieler „Florian Teichtmeister" der 58.000 Dateien von Kinderpornographie auf seinen Festplatten hatte, wo ich mich schon Frage, wann hat der dann überhaupt Zeit zum wichsen, wenn er die alle ansehen will?

Hier gehen ja die Meinungen weit auseinander, denn ein Teil behauptet, er dürfte nicht so hart bestraft werden, weil er ja krank ist, andere denken doch er soll die volle Härte des Gesetzes spüren. Nun wie soll man das nun wirklich betrachten und beurteilen? Hier ist es so ähnlich wie bei den TV Serien, wenn es keine Pädophilen gäbe, die sich diese Dateien vom „Dark" Netz runter laden, dann hätte dort auch keiner ein Interesse sie überhaupt dort hoch zu laden. Also meiner Meinung nach, sollte „Teichtmeister" so hart wie möglich bestraft werden, aber wer bestraft eigentlich die „Menschen" die sich dann die „Lugners" im TV ansehen? Wie weit es überhaupt möglich ist, daß diverse Seifenopern wie „Sturm der Liebe" über 3.500 Episoden produziert werden können, geht über meinen Horizont und Verständnis, aber auch daran ist ersichtlich wie weit es mit der „Menschheit" überhaupt schon gekommen ist, und da behaupten die „Gutmenschen" und „NGO's" wir sind alle gleich? Was manche NGO in der letzten Zeit gemacht haben, und mit Betrügereien und Korruption in die Schlagzeilen gekommen sind, sagt ja eigentlich auch alles über sie aus.

Natürlich bin ich auch nicht ganz unschuldig, denn in meiner Verzweiflung, habe ich mich mit meinen Problemen, da ich keine Chance hatte, in unserem System etwas zu recherchieren, und es ein Kampf gegen „Windmühlen" wurde, und ich mir wie „Don Quichote" vorgekommen bin. Ich wurde sogar, nun bereits zum dritten Mal in die „Barbara Karlich Show" eingeladen, die am 1. Februar 2023 nun ausgestrahlt werden soll, der Titel: *„Vom Hamsterradler zum Weltenbummler"* Wo ich, zugegebener maßen, auch aus Eigennutz zugesagt habe, nämlich um damit meine nun bereits 25 Bücher die ich über Segeln und Kritik an unserer Gesellschaft, bereits geschrieben habe, und mir versprochen wurde, daß ich sie erwähnen darf. Nur was nun wirklich wieder an meinen Kommentaren rausgeschnitten wurde, wie es speziell bei meiner zweiten Einladung über den Untersuchungsrichter „Dr. Fasching" der Fall war, wo ich die Geschichte erzählt habe, wieso ich in meiner Jugend für vier Wochen, **UNSCHULDIG** in Untersuchungshaft war, werde ich selber erst sehen wenn ich mir die Sendung ansehen werde. Die genaue Geschichte darüber ist in meinem Buch ***„Zum Denken verurteilt"*** nach zu lesen.

Leider habe ich sogar beim ATV angesucht um in der Sendung ***„Nachbarschaftsstreit"*** mein Anliegen über den Abbruchbescheid von unseren gemieteten Haus in Klosterneuburg die Machenschaften der Gemeinde und unseres System, unter dem Vorwand des „Datenschutz" keine Auskunft bekommt. Darüber will ich hier nicht so viel schreiben, aber einiges möchte ich doch erwähnen, damit es der Leser besser versteht, genau steht es in 74 Seiten in meinem Buch ***„Wie weit können wir noch verblöden?"*** Was von den 2,5 Stunden die vom ATV Fernsehteam bei uns am Berg im Sommer gedreht wurden, alles wirklich gesendet wird, lasse ich mich überraschen, es sollte eventuell im März ausgestrahlt werden. Meine Nachbarn, Petra und Ulli wollten dazu beim ATV keinen Kommentar abgeben, aber primär geht es mir um die Müllgebühr und den Abbruchbescheid, wo mir die Beiden daran die Schuld geben, und sich über das Bellen von „Shiva" fürchterlich aufregen.

Kurz zur Erklärung, und Recherchen die man in Österreich zu machen versucht. Wir sind hier am „Buchberg" in Klosterneuburg, fünf Häuser die im sogenannten „Grüngürtel" stehen, teilweise seit 1950 und ich, als EINZIGER hier am Berg, eine Müllgebühr bezahlen muß, sogar für das ganze Jahr, auch wenn nachweislich das Haus nur ein halbes Jahr bewohnt wird. Laut Auskunft der Gemeinde, ist es aber egal ob wer dort gemeldet ist oder nicht, sondern wenn ein Haus auf dem Grundstück steht, muß Müllgebühr bezahlt werden! Meine Anfragen auf das „WARUM" ich der einzige bin, dem Müllgebühren verrechnet werden, fruchteten weder beim „Wirtschaftshof oder der Gemeinde und Bürgermeister" eher nichts, und man versteckte sich hinter dem „Datenschutz". Nun da ich nicht jemand bin, der sich davon abschrecken läßt, oder sogar aufgibt, bin ich weiter gegangen.

Nachdem ich meine Situation beim ORF und *Bürgeranwalt* vorgebracht habe, und von dort und *Volksanwaltschaft* nur die Rückmeldung erhalten habe, sie bekommen auch keine Auskunft wegen dem Datenschutz, ging ich noch weiter und meldete es beim BVWG *Bundesverwaltungsgericht*, worauf ich auch dort nach Monaten auch keine Auskunft bekam, wieder wegen „Datenschutz" und mit einer weiteren Meldung, daß ich gegen diesen Bescheid nichts mehr unternehmen kann, jede weitere Anfrage kann man nur mehr gegen eine Gebühr von 250.- € und mit einen Rechtsanwalt einbringen. Nun meine letzte Chance war nur der VFGH *Verfassungsgerichtshof* wo ich meine Anfrage vorbrachte. Leider auch da bekam ich nach Monaten nur die Antwort, es liegt nicht in ihrer Verantwortung und sie können mir nur sagen, daß das Müllgebührengesetz in Bälde „evaluiert" werden soll, und sie mir weiter keine Auskunft geben können! Nun versteht der Leser vielleicht warum ich es als Kampf gegen „Windmühlen" bezeichnet habe. Das war dann meine Verzweiflungstat mich beim ATV bei der Sendung *„Nachbarschaftsstreit"* zu bewerben.

Nun wie man solche Gesetze machen kann, wo man als normaler Staatsbürger nicht mal eine Auskunft über die Müllgebühr bekommen kann, ist mir unklar. Wenn es nun das ist, was unsere

Politiker im Parlament machen, dann sind sie für mich eher nicht fähig, vernünftige Gesetze zu beschließen. Das Parlament ist für mich, sowieso eher ein „PANDÄMONIUM" [3] und wie ich schon in früheren Büchern erwähnt habe, gehen mir alle Politiker eher am Ar.. vorbei. Denn wenn jemand wie „Kickl" in führender Position sein kann, der, daß ohnehin schon verblödete Volk mit „guten" Ratschlägen versorgt. Wie jemand dann, der *Ivermectin* ein Wurmmittel für Pferde gegen „Covid" vorschlägt, überhaupt noch öffentlich auftreten kann und er im TV noch immer reden darf, ist mir sowieso sehr unverständlich. Nun man braucht zwar als Kindergärtnerin eine pädagogische Ausbildung, aber ein „Hilfsschüler" kann bei uns ohne Probleme ein Politiker werden, wo dann eine Frau, die weder jemals beim Bundesheer war oder ein Soldat gewesen ist, also keine Ahnung davon hat, was in einer Kaserne oder beim Bundesheer notwendig ist, sogar Verteidigungsministerin werden kann. Nun soweit ich weiß, ist ja unser Bundespräsident der oberste Befehlshaber von unseren Bundesheer, nur da fürchte ich mich schon, was da ein „Van der Bellen" befehlen könnte, es kann nichts Gutes sein.

Nun wurde der VdB ja neuerlich zu einer zweiten Amtsperiode angelobt, wobei er da wieder den „Kickl" nicht als Bundeskanzler zulassen würde, was ich zwar verstehe, weil jemand der Pferdemedizin, dem sowieso schon verblödeten Volk vorschlägt, dürfte eigentlich überhaupt nirgends mehr angehört werden, geschweige denn ein Bundeskanzler werden. Nur wenn er eine Partei verurteilt, weil sie eher nicht für die EU ist, dann sehe ich das eher nicht ein, denn dazu hat auch der Bundespräsident kein Recht, denn viele sind gegen die EU und die hat uns sicher nicht nur gutes gebracht, sondern viele vertrottelten Gesetze die wir nun einhalten sollen. Daß hier die Schweiz viel besser

---

[3] gr. ein Versammlungsort, aller bösen Geister!

dran ist, nicht nur wegen der Währung, wird ja auch der Dümmste einsehen. Also wenn eine Mehrheit an EU Gegnern bei dieser Partei sind, dann hat sie auch der VdB zu akzeptieren, denn dazu hat er auch kein recht als Bundespräsident, wo er für mich sowieso etwas fraglich ist, und er Österreich präsentiert, was ihm eher nicht gut gelingt, denn sein Auftreten erinnert mich immer wieder an eine „Schlaftablette"!

Nun würde ich wählen gehen, könnte man ein paar politische Ansichten der FPÖ sogar als gut bezeichnen, denn unsere Asylpolitik ist sicher nicht die richtige. Denn sicher sind einige der Gründe, warum unser Gesundheitssystem, selber stark kränkelt, ist sicher einer davon, weil wir bereits den gesamten Ostblock mit unserer E-Card versorgen und wir nun so wie in Klosterneuburg, keinen HNO Arzt mehr auf Krankenkasse haben, weil jeder zu einem Wahlarzt wird, wo er mehr verdienen kann. Und es kann eben nicht funktionieren, auch wenn man für Flüchtlinge, Asylanten und Migranten noch so viel Empathie empfindet, sie dann alle in Österreich aufzunehmen und zu verpflegen. Ich hatte schon mal eine Metapher in einem früheren Buch von mir geschrieben, wo ich Österreich mit einem Segelboot verglichen habe, und diese würde ich doch gerne hier rein schreiben, denn man kann es gar nicht oft genug wiederholen:

Man hat einem Politiker einmal vorgeworfen, das er weit „Rechts" steht, weil er die Wahrheit und eine Tatsache aussprach:

„Das Boot ist voll"

Nun da sind wir bei der nächsten Metapher, wenn ich Österreich mit meinem Segelboot „Key of life I", die ja auch International und rechtlich gesehen, österreichischer Boden ist, einfach mit Österreich vergleiche, was eigentlich voll zutreffen könnte. Nur gibt es am Segelboot keine Regierung, schon gar nicht eine Demokratie. So arg es sich anhört, aber der „Skipper" (Kapitän) muß ein Diktator sein, *denn in gefährlichen Situationen gibt es keine Zeit für Diskussionen, sondern er muß sofort eine Entscheidung treffen, **er ganz alleine,** und die kann über Leben und Tod entscheiden! Um es etwas zu veranschaulichen, werde ich hier einen Auszug von meinem Buch:*

Unter dem Key of Life 3.Teil „Der vorletzte Kontinent"
einfügen:

Am 10. Mai 2003 gehen wir durch den „Exuma sound" zurück nach Norden und beim Einlaufen, wo schon die Ebbe gegen uns stand, merkte ich beim „Galliot Cut", wie gut ein paar PS am Motor mehr wären. Es dürfte die Saison für Flüchtlinge aus Haiti sein, in Black Point kommt ein 7 m Boot mit 32 Flüchtlinge an, und am Mittwoch ist drei SM vor uns eine Haiti Sloop von 40 Fuß mit 173 Flüchtlingen an Bord mit knapp 10 cm Freibord fast am sinken (wir haben 43 Fuß). Sie wird von Ray, einem Freund und Parkranger von „Waderick Wells" an den Strand einer Insel geschleppt und auf Grund gesetzt um die Leute nicht zu gefährden.

Das habe ich jetzt nicht eingeflochten, weil von diesen Haiti Flüchtlingen, keiner nur annähernd jemals bis zu 10.000 € für die Flucht hätte zahlen können, oder das einer von ihnen ein Smart Phone auf die Reise hätte mitnehmen können. Diese sind aber nicht in Österreich, sondern in den Bahamas angekommen und dort gibt es für sie weder Unterstützung noch Kinderbeihilfe. Selbst die gesundheitliche Versorgung hält sich da stark in Grenzen, bis sie wieder zurück nach Haiti abgeschoben werden.   Die Regierung könnte man jetzt als „unmenschlich" bezeichnen, aber sie dürften gescheiter und besser rechnen können als unsere Regierung, denn sie wissen, die Bahamas haben nicht genug Ressourcen um all diesen Flüchtlingen helfen zu können. Um ihr eigenes Volk zu schützen und „erhalten" zu können, ist es sicher für ihr eigenes Wohlergehen besser, die Flüchtlinge wieder zurück zu senden, als sie lange in unterversorgten und wahrscheinlich auch unmenschlichen Auffanglagern, dahin vegetieren zu lassen.

Bei uns in Österreich ist es den NGO's und den „Gutbürgern" aber egal, wie schlecht es den Österreicher geht und wie weit IHRE gesundheitliche Versorgung eingeschränkt wird. Hauptsache sie können „helfen" und lassen die „Eingangstür" weiterhin offen, und heißen, so wie die Merkel, alle willkommen. Wahrscheinlich um ihr eigenes Gewissen zu beruhigen oder sich einen Platz im Himmel zu sicher, wer weiß das schon. Jedenfalls schädigen sie damit ihre eigenen Mitbürger und Österreicher, was ihnen aber egal sein dürfte. Aber die Selbstmord Attentäter der Islamisten glauben ja auch daran, daß sie mit ihrer Tat etwas „Gutes" tun und sichern sich dadurch ja auch einen Platz bei ihren 99 Jungfrauen.

Nun wieder zurück zu der Metapher, warum ich die Situation mit den Haiti Flüchtlingen aufgegriffen habe. Die Situation kann ähnlich werden wie es Österreich geht, je nachdem, welche Entscheidung ich als „Skipper" und Kapitän treffe, so wie es eine Regierung und ihre Führungskräfte machen müßten.

Wenn ich in diesem Fall, nicht als ein österreichisches Boot sondern als Österreich handeln muß, und auf offener See auf die Haiti Sloop mit den 173 Flüchtlingen an Bord treffe, muß ich eine Entscheidung treffen, die nicht nur mich, und unser Boot die „Key of life I" sondern auch meine Crew (Besatzung) betrifft. In der Metapher eben Österreich und ihre Bürger. Ich kann weder mit irgendwelchen „Gutbürgern" oder NGO's zum diskutieren anfangen, sondern muß als Kapitän die alleinige Entscheidung treffen, was gut für unser Boot und Leben ist, sowie eine Regierung zu entscheiden hat, was gut für Österreich und ihr Volk ist.

Früher hatte dann der Kapitän die zweifelhafte Ehre, wenn er was falsch machte, oder aus anderen Gründen das Boot sank, mit dem Boot unter zu gehen. Eines steht fest, keiner von unserer Führungsspitze, egal welcher Regierung wird für Österreich freiwillig in den Tod gehen, da es sich da ja um ein „Ehrenritual" handeln würde, aber Ehre ist in der Politik sicher nicht vertreten.

Nun in diesem Fall ist eine Entscheidung sicher nicht leicht, ob ich die 173 Leute retten will oder nicht, andererseits doch wieder, denn dafür habe ich ja mein „Handwerk" als Skipper gelernt, was ja unsere Politiker nie mußten, denn sonst wären solche unfähigen Leute ja nie eine Führungsspitze geworden. Aber richtig, die wurden ja gewählt, von Leuten die anscheinend nicht wußten, daß man nur jemanden wählen sollte, der gewisse Fähigkeiten für den Job haben sollte.

Aber wie sagte schon Rosa Luxemburg:

„Könnten Wahlen etwas verändern, würde man sie verbieten"

Die Entscheidung vom Skipper muß einfach lauten, mein Schiff und meine Besatzung, im letzten Fall auch ich, gehen bevor. Auch wenn mir die Entscheidung nicht leicht fällt und „weh" tut, ich kann nicht sinnlos mein Boot und das Leben meiner Besatzung opfern, oder im übertragenen Sinn, das weiter Bestehen von Österreich und ihrem Volk. Denn alleine der Versuch, hier der Haiti Sloop mit den 173 Flüchtlingen an Bord nur näher zu kommen, wäre für uns absolut tödlich. Das Boot hat nur mehr 10 cm Freibord, was für Laien erklärt, nur mehr 10 cm vom Rumpf über Wasser sind, jede größere Welle würde an Deck schlagen und die Sloop wäre unweigerlich zum Sinken verurteilt, und dazu natürlich auch die 173 Flüchtlinge zu Tode verurteilt.

Aber wenn wir in Schwimmweite von der Sloop wären und sie kentert und sinkt, würden die 173 Flüchtlinge ohne Rücksicht unsere

„Key of life I" (Österreich) entern, und ohne Rücksicht auf die jeweilige Besatzung (Österreicher) unser Boot (Österreich) zum sinken bringen und wir alle wären nun tot. Der einzige Unterschied zu unserem Flüchtlingsproblem in Österreich ist nur, bei uns an Bord würde es schneller gehen und wir würden es sofort bemerken, was unsere Regierungen und Politiker aber nicht sehen wollen oder dazu fähig sind die Situation richtig einzuschätzen, weil sie eben alles andere als ein „Kapitän" sind. Und vielleicht sollten wir mal erkennen, daß die „Gäste" die wir uns da eingehandelt haben, sicher niemals Rücksicht auf das Wohlergehen der Österreicher nehmen werden, da wir ihnen vollkommen egal sind. Für sie sind wir nur ganz einfach, ein Mittel zum Zweck und nichts anderes!

Das meine Ansichten schon von anderen geteilt wurden, die wesentlich gescheiter als ich sind, aber auch die schon aufgezeigt haben, was die Öffnungen von Grenzen für sie gebracht haben, was ich schon im „Zum Denken verurteilt" geschrieben habe:

Leider trifft es hier bei uns schon voll zu, denn wenn ein Volk seine Sprache verliert, dann verliert es auch seine Kultur, und das trifft bei uns schon sehr stark zu. Wenn in Familien nicht Deutsch gesprochen wird, und ein Familienoberhaupt, nur weil er ein „Mann" ist, über alles bestimmen kann, auch wenn sein „IQ" nur die Größe von einem „Nylonsackerl" hat, und seine Kinder aber in unseren Schulen dann Probleme mit dem mithalten und lernen haben, somit unsere eigenen Kinder, wenn sie eine ordentliche Ausbildung haben wollen, nur mehr auf Privatschulen eine Chance haben, dann sehe ich für unsere Zukunft als Österreich, nur mehr „schwarz".
Unsere Religion wird bald nur mehr von Migranten bestimmt werden, und es gibt Diskussionen ob wir in der Schule ein Kreuz aufhängen dürfen, und wir sollen uns anpassen, nicht die wir in unserem Land aufgenommen haben, wie verblödet sind wir eigentlich, daß wir uns so was gefallen lassen? Und die Kinder von ihnen leben fünf Jahre in der Türkei oder Jugoslawien und können dann in der Schule kein Wort

*Deutsch, wie kommen wir dazu, daß von 30 Schülern bereits 25 kein
Deutsch können und somit unsere auch nichts lernen können?*

*Wenn man so was schreibt, wird man natürlich sofort als „rechts"
eingestuft, auch wenn es die Wahrheit ist, aber daß die Ostöffnung für
uns, und für ganz Europa nicht gerade das „gelbe vom Ei" war, habe
sicher nicht ich, als Erster geschrieben, sondern wesentlich gescheitere
als ich, haben ganze Studien darüber gebracht, und viele haben es
bereut, dazu überhaupt zugestimmt zu haben, genau wie uns die EU
sicher nicht den Vorteil brachte, was man dem verblödeten Volk noch
immer einzureden versucht.*

*In den „Sieben Todsünden der EU" kann man nachlesen, das in
den 27 EU Staaten, im Jahr 2008 von Migranten 31,8 Milliarden € in
ihre Heimatländer transferiert wurden, somit nicht in dem Land
ausgegeben worden, wo es verdient wurde, und vor allem wo die
Sozialleistungen voll ausgenützt wurden.*

Ebenfalls ist die Stimmung gut erklärt, warum nun doch nicht mehr so
viele von der Ostöffnung begeistert sind, ich zitiere wörtlich:

*„Die armen Verwandten standen vor der Tür, (in unseren Fall, die
Migranten, Asylanten und Flüchtlinge) gezeichnet von widrigen
Lebensumständen. Die Familie konnte sie nicht einfach draußen lassen,
(was bei uns auch wieder nicht der Fall ist, denn sie sind nicht mit uns
verwandt) also bat man sie herein. Aber die Verwandten, statt
bescheiden am Eßtisch Platz zu nehmen und zu warten, bis man ihnen
etwas anbot, gingen stracks in die Küche, räumten den Kühlschrank aus
und fläzten sich mit einer Flasche Bier aufs Wohnzimmersofa. Einige
von ihnen telefonierten dauernd mit irgendwelchen Freunden in
Amerika, auf Kosten des Hauses natürlich. Und der kleine stämmige
Onkel mäkelte herum, warum denn im Wohnzimmer kein Kreuz hänge,
er habe gedacht, das sei ein christliches Heim. Am nächsten Tag geht
man in die Arbeit und dort wird einem mitgeteilt, daß man gefeuert ist.
Die Verwandten waren früher aufgestanden und hatten dem Chef
angeboten, den Job für ein Drittel des Lohnes zu machen. Man geht*

So ist das Gefühl beschrieben das viele Bürger im Jahre 2005 gegenüber der Osterweiterung hatten. Dabei waren da wenigstens doch wirklich „Verwandte" dabei, wie die von Ost- Deutschland, die wenigstens Deutsch sprachen. Nur uns wird eingetrichtert, wir sollen tolerant sein, und wir sollen uns anpassen, und unsere Kultur vergessen, denn die bekommen mehr Rechte als wir geborenen Österreicher, und wehe man sagt etwas gegen sie, dann ist man sofort der „rechte" böse Rassist.

Eines ist sicher, egal von welchen Ländern sie auch herkommen mögen, wenn wir in der umgekehrten Situation wären, da könnten wir uns auf jeden Fall, jedes Recht abschminken, vor allem die Frauen hätten keine mehr. Jedenfalls würde uns in keinem dieser Länder sofort ein Dolmetscher zur Verfügung stehen, geschweige denn, falls wir dort für unsere Kinder jemals einen Platz in einem Kindergarten oder ähnlichen Einrichtungen bekommen würden, gebe es sicher keine extra Küche, nur weil uns ihr Lammfleisch nicht schmeckt. Es würde dort sicher lange dauern, bis wir über irgendein Gesetz oder Ordnung mitbestimmen dürften, oder eben gar nicht ihre Sprache sprechen können, und ihre Kultur verändern wollen.

Ich hoffe doch, daß wenn jemand bereits dieses Thema in meinen vorigen Büchern gelesen hat, daß er mir verzeiht, daß ich es hier wiederhole, obwohl die Leser die mein Buch sicher nichts mit dem verblödeten Volk zu tun haben, daß sich in den sozialen Medien herumtreibt, wo man es aber oft wiederholen muß, bis sie es begreifen, aber wer meine Bücher liest, sicher darüber nachdenkt und es nicht notwendig wäre es hier nochmals zu wiederholen, aber schaden kann es auch nicht, vor allem manche Zitate.

Einer meiner Lieblings Philosophen ist sicher **Jean-Jacques Rousseau** [4] der so wie ich, eine sehr bewegte Kindheit hatte, und nicht unbedingt als guter väterlicher Typ zu bezeichnen war, da er ja mehrere Kinder in ein „Findelhaus" (Waisenhaus) gesteckt hat. Er hat schon 1755 über die Ungleichheit der Menschen geschrieben, aber nicht in Frankreich oder Genf publiziert, sondern:

1755 publizierte er, vorsichtshalber in Amsterdam, seinen Discours sur l'origine et les fondements de l'inégalité parmi les hommes (Abhandlung über den Ursprung und die Grundlagen der Ungleichheit unter den Menschen), der wiederum die Antwort auf eine Preisfrage der Académie de Dijon war: Quelle est l'origine de l'inégalité parmi les hommes, et est-elle autorisée par la loi naturelle? („Was ist der Ursprung der Ungleichheit unter den Menschen, und läßt sie sich vom Naturrecht herleiten?"). Rousseau, der ärmliche Kleinbürger, erklärt hierin die soziale Ungleichheit zunächst grundsätzlich aus der geschichtlichen Tatsache der Vergesellschaftung des Menschen – wodurch jeder sich mit jedem vergleicht und Neid sowie Mißgunst erwachsen –, sodann aus der Etablierung des Privateigentums: Der erste, der ein Stück Land eingezäunt hatte und es sich einfallen ließ zu sagen: dies ist mein und der Leute fand, die einfältig genug waren, ihm zu glauben, war der wahre Gründer der bürgerlichen Gesellschaft

Unter anderem schrieb er auch:

„Die Menschen sind böse; eine traurige und fortdauernde Erfahrung erübrigt den Beweis; jedoch, der Mensch ist von Natur aus gut, ich glaube, es nachgewiesen zu haben; Man bewundere die menschliche Gesellschaft, soviel man will, es wird deshalb nicht weniger wahr sein, daß sie die Menschen notwendigerweise dazu bringt, sich in dem Maße

---

[4] Aus WIKIPEDIA

zu hassen, in dem ihre Interessen sich kreuzen, außerdem sich wechselseitig scheinbare Dienste zu erweisen und in Wirklichkeit sich alle vorstellbaren Übel zuzufügen."

– Abhandlung über den Ursprung und die Grundlagen der Ungleichheit unter den Menschen (Reclam, 1998, S. 115 ff., Anmerkung IX)

Vielleicht ist es, warum ich ihn so gerne zitiere, weil er sich einen großen Teil seiner Fähigkeiten, so wie ich, selber *Autodidak*t erworben hat, und dann 1778, wahrscheinlich an einem Schlaganfall gestorben ist, für den bei mir nach meinen mehrmaligen „TIA"[5] ja auch eine gute Chance besteht.

Deshalb paßt zu den Asylanten und Flüchtlingen die wir uns nach Österreich geholt haben, auch sehr gut dieser Spruch, der leider auf viele unserer „Gäste" leider voll zutrifft, weil es bei ihnen sicher nicht der Fall ist:

Alle Völker, die Gesittung hatten, haben die Frauen geachtet.

Leider ist das auch wieder ein Beweis dafür, daß wir nicht alle gleich sind. Aber unsere Politiker und Regierung läßt es zu, natürlich mit der Ausrede auf EU Gesetze. Das wir bereits öfters straffällig gewordene Afghanen, wo es feststeht, daß ihr Asylantrag abgelehnt ist, wir sie aber noch in einer Wohnung versorgen, wo sie mit Essen versorgt werden, keine Miete noch Strom oder Gas bezahlen müssen, aber weiterhin in Österreich sind und weiter mit Drogen dealen können, und es sogar bis zur Vergewaltigung mit Todesfolge kommt, wir sie

---

[5] Bei einer **transitorischen ischämischen Attacke** (TIA) ist die Funktion des Gehirns zeitweilig (in der Regel weniger als eine Stunde) gestört, da seine Blutversorgung vorübergehend unterbrochen ist. Eine TIA und ein ischämischer Schlaganfall haben die gleichen Ursachen und Symptome.

aber noch immer nicht abschieben können! Bitte kann mir jemand sagen, wie verblödet ist unsere Regierung, Politiker und unsere Gesetze?

Nun schreiben wir heute den 23. Jänner 2023 und vor 30 Jahren gingen 1993 über Hunderttausend Leute zum Heldenplatz um gegen die „Fremdenfeindlichkeit" zu demonstrieren. Nun ich glaube nicht, daß ich fremdenfeindlich bin, nur habe ich viel Erfahrung im Ausland mit „Fremden" gesammelt und weiß wie man dort behandelt wird, und deshalb über unsere jetzige Situation mit den vielen Fremden, mich eher nachdenklich stimmt. Vor allem, wenn da bei dieser Demonstration 1993 vielleicht Eltern dabei waren, wo nun ihre Tochter von „Fremden" vergewaltigt und getötet wurde, ob sie jetzt auch noch auf diese Demonstration gehen würden? Leider ist da die Dunkelziffer wesentlich höher, was von unseren „Gästen" in Österreich verbrochen wird, nur gibt es natürlich auch dazu keine Angaben von der Polizei und Ministerien! „Datenschutz"

Nun machen sie sogar Demos gegen „Waldhäusel", wer immer das auch sein mag. Ich kannte ihn vorher nicht, und wußte auch nicht was er angeblich gesagt hat, aber „Dank" unserer Medien, habe ich erfahren, er sagte im TV zu einer Schülerin mit Migranten Hintergrund:

„Wien würde noch Wien sein, mit einer anderen Einwanderungspolitik und Asylgesetzen!"

Nun ohne hier sofort als „rechts" eingestuft zu werden, muß ich ihm teilweise sicher recht geben. Ich habe es schon in meinen früheren Büchern geschrieben. Der größte Kulturschock war für mich, nachdem ich in vielen Ländern wie den USA, Venezuela und den „West Indies" war, als ich nach Wien zurück kam. Denn wenn ich von zehn Leuten bei neun von ihnen nicht mehr verstehe was sie sagen, weil sie nicht

Deutsch sprechen, dann glaube ich auch nicht mehr, daß ich in Wien bin.

Dann habe ich mir da eine Diskussion von einer Runde, ich glaube es war „Puls 24" angesehen, wo eine, wahrscheinlich der SPÖ zugehörige sagte, man müsse die Staatsbürgerschaft erleichtern, und wenn es nach ihr ginge, würde schon jeder Migrant, Flüchtling und Asylant sofort die Staatsbürgerschaft bekommen. Also würden dann schon alleine von den Hundertausend Flüchtlingen die 2015 nach Österreich gekommen sind, alle ihre Kinder sofort die Staatsbürgerschaft bekommen. Egal ob da einer jemals in Österreich Steuern bezahlt hat oder überhaupt was gearbeitet hat, aber seither schon von unserem Sozialsystem und der E-Card versorgt wird. Sie sollten auch alle wahlberechtigt sein, egal ob sie Deutsch sprechen, oder unsere Werte respektieren oder Frauen gleich behandeln, oder unsere Religion akzeptieren. Das natürlich die Migranten die SPÖ wählen, wer sonst noch?; ist ja klar weil sie ja dafür sorgen recht viele nach Österreich zu bringen, wie es früher schon der Fall war, man bekam nur eine Gemeindebauwohnung, wenn man ein „rotes" Parteibuch hatte. Nur gilt es nimmer, was früher war: *„Rot bis in den Tod"* sie sterben ihnen langsam weg, deshalb brauchen sie die Migranten die sie nach Österreich locken und einladen.

Mit Argumenten, daß wir die Migranten brauchen weil so viele für uns arbeiten. Sie arbeiten nicht für uns, sonder nur weil sie hier mehr verdienen können als in ihrer Heimat, und es ihnen bei uns besser geht und besser versorgt werden als in ihrem eigenen Land, aber sicher nicht, weil sie uns Österreicher so sehr lieben und schätzen! Auch wenn sie als Hilfskräfte notwendig sind, aber auch nur weil wir unseren eigenen Leuten so wenig bezahlen, leben 60% der nach Österreich gekommenen Migranten in Wien von Sozial Hilfe auf unsere Kosten! Auch wenn viele als Hilfskräfte notwendig sind sollten sie keine Wahlberechtigung haben, wenn sie weder Deutsch können noch unsere Werte schätzen, noch Frauen als gleichberechtigt ansehen, auch wenn sie schon lange in Österreich sind. Und mit diesen Argumenten gießen sie natürlich „Öl" ins Feuer für die FPÖ, wobei ich sicher nie für einen Kickl sein werde, das sage ich hier ganz offen, aber alle die Argumente der FPÖ kann man sicher nicht außer acht lassen, wenn man über unser System und den vertrottelten Asylgesetzen der EU die wir aber einhalten sollen, mal darüber nachdenkt!

Natürlich könnte man seitenlang über diverse Asylpolitik schreiben, und sicher sind davon viel tatsächlich berechtigt dazu um Asyl anzusuchen, nur verstehe ich sicher nicht: Wieso können diesen Status als Flüchtlinge jene bekommen, die aus Tunesien, Marokko und sogar aus Indien kommen, dazu ein Recht haben? Dort herrscht weder Krieg noch sind sie in Gefahr, also können sie nur Wirtschaftsflüchtlinge sein, die dann jahrelang in Österreich freie Kost und Logis bekommen und unser, schon stark angeschlagenes Gesundheitssystem ausnützen. Dann schreibt uns die EU noch vor, wie wir zu handeln haben, denn egal welche Verbrechen viele von diesen „Gästen" in Österreich auch verbrochen haben, weigern sich viele Länder, verständlicher Weise, ihre eigenen Verbrecher zurück zu nehmen, wenn sie auf Kosten von Österreich bei uns weiter versorgt werden müssen, weil es eine vertrottelte EU so bestimmt! Ich frage mich, was so etwas mit Menschenrechte zu tun hat, wo blieben die Rechte der Menschen in Österreich an denen sie Verbrechen verübt haben?

Wir sind nicht alle gleich, das ist ein Fakt?

Wieso man von Gleichheit, vor allem gleichen Recht für alle spricht, ist mir sowieso unklar. Früher gab es Menschen die nicht gleich sein wollten und sich von der Masse unterscheiden wollten. So hatten sich Matrosen, oder Verbrecher mit langen Haftstrafen tätowieren lassen, weil sie eben lange Zeit hatten um es zu tun, und um nicht gleich mit den „normalen" Bürgern zu sein. Nun in der heutigen Zeit wurde aus diesem etwas „dubiosen" Zeitvertreib der Tätowierung, ein super Geschäft daraus. Schuld sind ein paar sogenannter „Prominente" wie Sänger, Fußballer usw. die sich bis zum Hals und Kopf mit Tätowierungen, für mich fraglich „verschönern" ließen, wie wenn sie ein *„Maori Krieger"* wären. Ja nun ließ sich auf einmal ein großer Teil der sechs Kategorien auch tätowieren, wo sie aber dadurch nicht mehr viel von den anderen „Ferngesteuerten" zu unterscheiden waren. Denn auf einmal hatte jeder „Nasenbohrer" egal ob Hausmeister, Buchhalter, Beamter oder Hilfsarbeiter die Tatoos an allen möglichen und unmöglichen Stellen des Körpers, und im Enderfolg sind sie nun alle gleich, und unterscheiden sich nicht sehr viel von den anderen sechs Kategorien von Menschen, zum Glück bin ich nicht dabei! Bald wird es schwieriger sein, jemanden ohne ein Tatoo zu finden, als jemanden mit!

Ganz speziell ist die „Gleichheit" bei der Mode, wo ich mich frage, wieso ich jemals die Ratschläge von einer Martina Reuter im TV brauche, was ich anziehen soll? Vor allem, wenn sie die Ratschläge annehmen, sind sie ja alle wirklich gleich angezogen und laufen durch die Gegend! Da wären wir ja dann wie zu „Maos" Zeiten wo in China alle das gleiche anhatten, na wäre das nicht schön? Dazu bräuchte man dann die Fr. Reuter nicht mehr bezahlen, und sich ihre Ratschläge anzuhören. Eigentlich ist Martina Reuter nicht unsympathisch, aber sie wurde es für mich, als sie irgendwann vor Jahren im Frühstücksfernsehen die Ratschläge gab, wie man seine Kinder anziehen soll wenn sie in die Schule gehen, und dann, aus ihrer Sicht, gewisse Kleidung für Kinder als ein „no go" bezeichnete. Also wenn ich sie dazu brauche um zu wissen was ich oder meine Kinder anziehen soll um in unserer verblödeten Gesellschaft akzeptiert zu werden, dann gehöre ich nicht nur zu den sechs Kategorien, sonder sie müssen mir schon voll ins Hirn geschissen haben, so traurig es sich anhört, es ist die Wahrheit, wenn man ernsthaft darüber nachdenkt.

„De gustibus non est disputandum" über Geschmack läßt sich bekanntlich, nicht streiten, nur frage ich mich schon, wie schafft man es, den sechs Kategorien „Geschmack" so einreden zu können? Wo wir wieder bei der Mode wären, und ich mich frage, wie kann ein Mensch so verblödet sein, sich einreden zu lassen, eine zerrissene Jean ist nun Mode und er kauft sie sich sogar teurer als eine ohne Löcher, nur weil ihm irgendein Vollkoffer einreden konnte, es wäre nun Mode? Das nun auch die, für mich sicher keine Prominenten, mit löchrigen Jeans auf der Bühne oder in der Öffentlichkeit damit herum laufen, und sogar Moderatoren im TV es dem verblödeten Publikum noch vorzeigen, zeigt nur wie tief diese Menschheit schon gesunken ist. Wie tief kann das noch gehen? Schon vor langer Zeit hat man es geschafft, diverse Musik so lange im Radio zu spielen, bis die sechs Kategorien wirklich glaubten, es gefällt ihnen und es wäre freiwillig und ihr Geschmack, und sich die Platten dann kauften.

Jedenfalls möchte ich mich davon weit distanzieren, wenn mir irgendwelche „Gutmenschen" oder NGOs einreden wollen, wir sind alle gleich. Wir sind weit entfernt davon, jemals „gleich" zu sein, und ich verbiete es allen, mich mit dem Rest der verblödeten Menschheit und den sechs Kategorien gleich zu stellen. Ich bin sicher nichts besonderes noch außergewöhnlich, und schon gar nicht Prominent, nur habe ich doch ein Leben gelebt, daß mich sehr stark von diesen sechs Kategorien unterscheidet, und zum Glück, kann mir das keiner mehr nehmen, und ich konnte es in meinen bereits 25 Bücher aufzeigen, und das, obwohl ich alles andere als ein Schriftsteller bin, aber sicher ein „Individuum" und keiner der sechs Kategorien die ich im Vorwort ja erklärt habe. Ich hoffe, der werte Leser ist mir nicht böse, wenn ich sowas behaupte, aber vielleicht kann sich der– oder diejenige auch von den Kategorien ausschließen. Wo ich nicht das „Gendern" mit dem unsere Sprache jetzt verhunzt wird, dabei ansprechen will, weil ich nicht „Leser*in" schreibe, es ist mir zu blöde darüber überhaupt zu schreiben, wir dürften keine anderen Sorgen haben. Wir sollten nicht „Gendern" sondern die Frauen respektieren, von denen sicher sehr viele, weit höher über den männlichen Analphabeten und Höhlenmenschen stehen, die unsere Kultur und Religion mißachten, und wir nun in Österreich versorgen und als „Gäste" haben.

Nun auf der anderen Seite, gibt es aber welche die ganz erpicht und geil darauf sind, gleich wie alle zu sein, vor allem wollen sie gleich behandelt werden, nicht nur die gleichen Rechte haben. Nun eines ist bei mir sicher, ich will sicher nicht mit einem „Schwulen" (Homosexuellen) auf dieselbe Stufe gestellt werden. Vielleicht möchte ich hier als Erklärung auch aufzeigen, ich habe in meiner Jugend mit drei Schwulen, sehr schlechte Erfahrung machen müssen. Ich will hier nicht diese alten Geschichten nochmals aufschreiben, wenn es jemanden interessiert, kann er ja mein Buch *„Zum Denken verurteilt"* lesen, dort steht sie drinnen. Nur kann ich beim besten Willen nicht verstehen, daß immer mehr Fernsehserien mit Schwulen oder Lesben gezeigt werden, anscheinend ist jetzt schon „in" daß man schwul oder lesbisch ist. Sogar in der Fernsehwerbung zeigen sie immer mehr in dieser Art. Was ist nun los mit dieser Gesellschaft um es so zu prolongieren? Das ist nicht tolerant, sondern eher krank, es ist jedenfalls meine Meinung. Ich weiß auch nicht wie weit es hilfreich für eine Werbung ist, wenn ich jemanden mit „Down Syndrom" in einer Werbung zeige, soll das etwa helfen ein Haarshampoo besser zu vermarkten?

Das ein gleiches Recht für alle gelten soll finde ich auch richtig, nur kann ich nicht verlangen, daß ich auch ohne Erfahrung und Training den Himalaya besteigen darf, und somit verstehe ich nicht, mit all meiner Empathie für Behinderte, wieso jemand mit Beinprothesen auf diesen Berg steigen will, oder als Blinder unbedingt Schi fahren muß? Es genügt ja, daß nun bereits „Para Olympic" veranstaltet werden, ist ja richtig und man sollte sie keinen falls ausschließen, aber mir kommt vor, es wird bereits etwas übertrieben. Es ist schon fürchterlich wenn es den Anschein hat, man kann nur mehr in den „Sozial Medien" auftrumpfen, wenn man Schwul, eine Lesbe oder „Drag Queen" ist, oder zumindest eine andere Art von Behinderung hat, um in dieser Gesellschaft jetzt aufzufallen. Ich kann nicht fordern mit allen gleich gestellt zu werden, so gerne ich früher Tauchen war, kann ich mich nicht mit „Hans Hass" vergleichen, noch werde ich ein Formel 1 Fahrer sein, auch wenn ich glaube, gut Autofahren zu können. Und ehrlich gesagt, verstehe ich nicht, was nun diese Leute sich selber oder jemand anderen beweisen wollen? Wir alle haben unsere Grenzen, und die sollte man nicht überschreiten, wenn man dabei sein eigenes Leben und von anderen damit gefährdet.

Apropos Tauchen, wie jetzt die ferngesteuerten sich der neuen, aber eigentlich schon früher da gewesenen Brillenmode hingeben, ist mir auch ein Rätsel. Anscheinend wollen da auch wieder alle gleich aussehen. Ok, wieder Geschmacksfrage, aber wieso bekommen alle zur selben Zeit, den angeblich „eigenen" Geschmack für eine „neue" Mode? Die Brillenfassungen die jetzt alle tragen, sind ja größer als meine Tauchermaske, und ich frage mich schon, wie kann man freiwillig so was aufsetzen, nur weil man es den sechs Kategorien jetzt einredet? Genauso verhält es sich mit der Frisur, jetzt laufen alle, sogar Frauen mit seitlich kurz geschorenen Kopf bis über die Ohren, herum und sehen aus wie ein Soldat der „Navy Seals" und eigentlich bescheuert, aber sicher nicht schön anzusehen, jedenfalls meine Meinung.

Nun für „Gleichheit" wird ja in von Männern und Religion dominierten „Kulturen" sogar gewaltsam gesorgt, wenn sie Frauen für Kopftuch und sogar zur „Burka" zwingen, und wenn man nicht gleich sein will, mit Gefängnisstrafen und bis zum Tode bestraft, also sollte man sich da gleichbehandelt werden und sich wohl fühlen? Das nun Völker, gezwungener Maßen einen *Turban*, eine *Kipa, Fes,* oder *Hidschab* tragen müssen, steht in Frage, nur für mich eine bescheuerte Sitte, vor allem wenn sie dann zwingend wird. Noch ärger wird es dann, wenn die orthodoxen Juden mit ihrem bescheuerten Hut und den „Dreadlocks" bei den Ohren wie „Rastas" umher laufen, und wirklich der Meinung sind, es hat was mit Religion zu tun, und sie müssen der Öffentlichkeit zeigen, wer oder was sie sind. Also wie gesagt, wir sind sicher nicht alle gleich, und ich will es auch nie mit dieser „Menschheit" sein, sondern mich eher weiter distanzieren. Warum aber so viele nun „Gleichheit" fordern und sogar gleich sein wollen und in vielen „Tik Tok" Videos vorgegaukelten Idealen, Moden und vertrottelten Trends folgen ist mir noch mehr unklar, es kann nur an dieser bereits völlig ferngesteuerten vertrottelten Menschheit liegen.

Da ich ja in „Echtzeit" schreibe, wurde jetzt in den Medien und natürlich der Boulevard Presse eine Meldung gebracht, die irgendwie erwähnenswert ist, nämlich diese. Es haben sich, von den vielen „Klimahelden" der „Letzten Generation" die sich ja fast täglich, irgendwo an den Straßen fest kleben und den Verkehr blockieren und damit eher mehr für Unmut in der Bevölkerung erreichen, als sie Bewunderung ernten. Jedenfalls haben sich jetzt zwei davon ein Flugticket nach „Bali" gekauft und machen dort nun Urlaub, was ja sicher nicht Klimafreundlich ist, aber das ist eigentlich noch nicht die Chuzpe an der Sache, sondern die Aussage von einem Sprecher der „Klimahelden". Er sagte nämlich folgendes: *„Es haben sich ja nicht die Klimahelden das Ticket gekauft, sonder da waren sie ja Privatpersonen"* Nun wie bescheuert ist denn dieser Gedankengang?

Also wie weit kann man denn dann diese „Letzte Generation" überhaupt noch ernst nehmen?

Eine Stunde „streamen" im Internet verbraucht genau so viel CO^2 wie jemand der 50 km mit dem Auto fährt! Da unsere ferngesteuerten „Selfidoten" bis zu 10 Stunden in bescheuerten Sozial Medien sind und sich Videos runter laden oder ihr ganzen Leben mit Videospielen online verbringen, fahren sie dann eigentlich jeden Tag 500 km mit dem Auto, was ihnen aber anscheinend nicht bewußt ist. Jedenfalls machen daß nicht die jeden Tag zur Arbeit fahren müssen, aber da kleben sich diese „Klimahelden" dann auf der Straße fest und geben den Autofahrern die Schuld! Also wen kann ich dann eigentlich verurteilen?

So beiläufig ist da jetzt Anfang ein gröberes Erdbeben in der südöstlichen Region der Türkei und Syrien passiert. An sich keine Überraschung, da man seit Jahrzehnten weiß, es ist nicht die Frage ob es passiert, sondern nur wann! Nur man hat, obwohl man es schon sehr lange weiß, nie die Häuser Erdbebensicher gebaut, und deshalb sind in diesen Gebieten sicher die bereits über 22.000 Toten nicht von ungefähr. Noch ärger wird es sicher in „Istanbul" werden, wo die Situation und von der älteren Bauweise die Selbe ist, nur dort wird es noch schrecklicher werden, vor allen weiß man auch dort, weil es genau an der Grenzlinie von zwei Platten der Erdkruste liegt, nämlich der Eurasischen und der Anatolischen Platte, es ist nicht die Frage ob dort ein Erdbeben kommt, denn es wird sicher kommen, die Frage ist nur wann? Dadurch entstehen an der Nordanatolischen und an der Ostanatolischen Verwerfung Spannungen, die sich in schweren Erdbeben entladen. Im Bereich der nordanatolischen Störung forderten allein 1999 zwei Erdbeben mit Stärken über $M = 7,5$ mehr als 19.000 Todesopfer. Nun kann sich die Boulevard Presse und die TV Stationen zwischen Ukraine Krieg und Erdbeben richtig austoben, und stündlich stellen die wirklich bereits unnötigen Moderatoren immer wieder dieselben dämlichen Fragen, und zeigen zigmal dieselben Aufnahmen im TV. Dann laden sie noch irgendwelche Verwandte ein um ihnen dieselben dämlichen Frage zu stellen. Dann kommt mir bereits die Galle hoch, wenn ich als Antwort höre, was diese armen Menschen dort brauchen. Und als ERSTE Antwort kommt dann: Ein ***POWERBACK!*** Damit sie ihre Smartphone aufladen können, damit wir wieder dieselben Videos „live" ins Haus geliefert bekommen. Nein man verlangt nicht als erstes, Wasser, etwas zu Essen oder Medikamente, nein diese scheiß Smart Phones sind anscheinend wichtiger, also was ist mit dieser Menschheit los?

Nun das hat alles nicht mit dem Thema „Gleichheit" in diesem Buch zu tun, nur sage ich es gleich, ich hoffe, daß uns niemals das gleiche Schicksal erleidet und wünsche allen in dieser Region und allen Opfern das Beste und leider kann ich dabei trotz aller Empathie für sie, nur mit einer kleinen Geldspende helfen, denn viel kann ich mir in meiner eigenen prekären Situation nicht leisten, und kann nur hoffen, daß es wirklich dort ankommt, und nicht in den „dunklen" Quellen mancher Organisation, „versickert"! Denn ich traue weder einem „Gutmenschen" noch den „NGOs" noch einem Priester, Politiker oder der Religion.

Ich bitte um Entschuldigung, das ich das Thema Corona „Covid" noch mal anspreche, obwohl ich gerade auf einem Kurzurlaub in Lignano bin, wo mich im Sommer sicher keine zehn Pferde hinbringen würden, was Hemingway dazu brachte hier einige Zeit zu verbringen, ist mir bis heute noch unklar. Gut zu seiner Zeit waren hier im Sommer sicher noch keine 700.000 Touristen, sondern vielleicht wie jetzt hier im Winter so um die 7.000 Leute. Nun jedenfalls hat ja das Internet auch ein paar Vorteile, obwohl es nicht unbedingt ein Vorteil sein muß, die neuesten Nachrichten von der Politik sofort zu erfahren.

Jedenfalls hat der „Kickl“ wieder mal um einen Corona Untersuchungsausschuß im Parlament geworben, wozu er aber die SPÖ gebraucht hätte, und die hat ausnahmsweise mal was Richtiges gesagt, nämlich, daß sie mit jemanden der ein „Wurmmittel für Pferde“ als Heilmittel für „Covid“ vorschlägt, nicht zusammen arbeiten. Aber da heute Morgen leider Nebel eingefallen ist, sitze ich wieder mal kurz am „Lap Top“ um zu berichten.

Man hat ja jetzt festgestellt, daß man in Österreich die letzten Jahre 4,8 Milliarden (4.800.000.000) Euro für Covid Tests ausgegeben wurden, was eben von vielen angezweifelt wird, ob es notwendig war, und vor allem bei unseren heutigen Politikern, es auch korrekt abgelaufen ist? Nun eines ist mal ganz sicher, wie man ja bewiesen hat, haben die Test bei den Schulkinder über die Hälfte nicht funktioniert und falsche Daten geliefert! Was aber jeden der etwas denken kann, klar sein müßte, denn keines der Kinder fährt sich bei den Nasenbohrer Test weit genug in die Nase um wirklich einen gültigen Abstrich zu erhalten, also wurden da mal sicher zig Millionen unnötig an Steuergeld verschwendet. Aber da sicher auch hier der „Nepotismus“ im vollen Gang war, haben sich sicher ein paar Firmen und Labors eine goldene Nase verdient, und wahrscheinlich, wie es seit eh und jäh in Österreich üblich ist, auch ein paar Leute die es an die Firmen und Labors vermittelt haben, sich eine hohe Provision geholt.

Kurz wurde mir wieder der Kardinal Schönherr in Erinnerung gerufen, nämlich als er für Unstimmigkeit in der Christlichen Gesellschaft sorgte, als er öffentlich, den doch etwas in Verrufenheit geratenen Groer geküßt hat. Obwohl ja Groer, der sicher eine Schande für die Menschheit ist, nie eine Strafe bekam, sich an minderjährigen Kindern vergangen zu haben. Unter Christen und bei unseren Gesetzen genügt es anscheinend wenn man in ein Kloster flüchtet um einer

Gefängnisstrafe zu entgehen. Nun die Entschuldigung von Schönherr für das was er getan hat, seinen Freund zu küssen war:

Er meinte wirklich ernsthaft, daß man einen Menschen auch wenn er was Schuldiges getan hat, und trotz seiner Schuld zu respektieren hat!

Mit welcher Einstellung bekam dieser Schönherr einen Posten als Kardinal? Welchen Respekt brachte denn Groer den mißbrauchten Kindern entgegen, die ein Leben lang an dem Mißbrauch zu leiden haben? Also mit so einer Einstellung von angeblichen Christen, ist es auch eine Schande ein Christ zu sein, und wem wundert es noch, daß die Kirche immer mehr an Mitgliedern verliert, bei solchen unnötigen Personen an der Spitze?

Das meine Geschichten über Elektroautos, die ich in vorigen Büchern schon geschrieben habe stimmen, wurden jetzt wieder durch einen Fall in „Leichester" (GB) bestätigt, nicht nur das der Umweltschaden schon groß ist, bevor ein E-Auto überhaupt einen Kilometer gefahren ist, was aber die Umweltschützer nie dazu sagen, kam jetzt mal das Gespräch über die Batterien zum Vorschein. Bei einem gebrauchten Hybrid Mercedes der um 32.000 € gekauft wurde, war jetzt nach acht Jahren die Batterie kaputt, was mich wundert, daß sie so lange gehalten hat. Nun ist dieser Mercedes aber zum Zeitwert nur mehr 15.000 € wert, die neue Batterie würde aber 18.000 € kosten, was dem Mann etwas schockierte. Nun die ganzen Vollkoffer die glauben die Umwelt zu schützen, wenn sie sich Autos mit giftigen Batterien und großen Umweltschaden den sie schon vorher gemacht haben kaufen, sollten eben vorher darüber nachdenken, was sie mit dem Kauf anrichten. Vor allem was wird denn wirklich passieren, wenn auf einmal alles nur mehr mit Strom funktioniert? Ich freue mich schon darauf, was sie dazu sagen wenn die Strompreise noch mehr in die Höhe gehen, und von einem „Black Out" rede ich da gar nicht. Da werden dann viele Generatoren die mit Diesel betrieben werden, wieder viel

Schmutz in die Luft verpesten, aber das macht ja nichts, es werden ja die „umweltfreundlichen" E-Autos damit geladen. Wäre es da nicht doch umweltfreundlicher, wenn ich den Diesel in mein Auto fülle und damit fahre? Wenn es wie bei meinen Geräten wie Handy, Fotoapparat und anderen Batteriegeräten ist, wo ich schon zigmal neue Batterien brauchte, die nicht mal ein Jahr halten, dann sehe ich für die E-Autofahrer „schwarz" und hoffe, sie haben genug Geld für eine neue Batterie gespart. Ich würde mir sicher kein E-Auto kaufen, geschweige denn ein gebrauchtes älteres, wo bald eine neue Batterie mehr kosten wird, als ich für das Auto bezahlt habe! Mir genügt schon ein Service mit einem neuen Zahnriemen, aber das ist sehr weit von 18.000 € für eine neue Batterie entfernt.

Das Parlament ist für mich, sowieso eher ein „PANDÄMONIUM" [6] und wie ich schon in früheren Büchern erwähnt habe, wo ich mir aber ab und zu im TV, das „Hohe Haus" ansehe, weil ich ein Masochist bin und mich gerne ärgere. Einer unserer „Abgeordneten" hat jetzt mal unsere Neutralität, mit der von der Schweiz verglichen, weil da das Budget für das Militär angesprochen wurde. Also wo ist der den dagegen gerannt? Das die Schweiz sicher mit allen besser als wir sind, steht ja mal fest, vor allem haben sie nicht den besch.... „EURO", noch sind sie in der EU und müssen sich nach deren Gesetzen richten. Vor allem haben die Kampfjets die auch was können, nicht wie unsere Eurofighter die weder in der Nacht noch bei Regen fliegen können, und ja sowieso nicht schießen dürfen, also für eine Luftraum Überwachung so notwendig sind wie ein „Kropf"! Für was wir hier zig Millionen ausgegeben haben ist sehr fraglich und kann wirklich nur von einer total verblödeten Politik gemacht worden sein. Wenn wir Eurofighter haben, die, falls sie überhaupt rechtzeitig in der

---

[6] gr. ein Versammlungsort, aller bösen Geister!

Luft sind, bestenfalls einen Eindringling in unseren Luftraum, mit einem „Flügelwackeln" begrüßen!

Ich bin, oder war, wirklich darauf stolz ein Österreicher zu sein, nur langsam aber sicher, wird mir dieser Stolz genommen, und bzgl. Bundesheer erinnere mich an einen uralten Witz, wo unser Verteidigungsminister den Deutschen Verteidigungsminister fragte: *Was er machen würde wenn Österreich mal Deutschland angreifen würde?* Dieser sagte darauf: *„Er ruft die Feuerwehr von Passau an"*

Was dort immer im Parlament besprochen wird, und nur sinnlos zerredet wird, aber Themen von der Volksbefragung wie die Abschaffung des „GIS" anscheinend, nur dann zu einer anderen „Zwangsmitgliedschaft" umgewandelt wird, zu einer „Haushaltsabgabe" was ja eigentlich gegen die Menschenrechte ist, was uns da vom Staat aufs „Auge" gedrückt wird und der ORF mit uns macht. Dabei hatte ich schon in meinen vorigen Büchern angezweifelt, ob „GIS" überhaupt mit EU Gesetzen konform ist? Nun hat aber sogar unser Verfassungsgerichtshof, ein Urteil ab gegeben, das die „GIS" nicht Verfassungsgerecht war. Ich zweifle aber daran, daß nun die „GIS" an alle zurück gezahlt wird, die sie bis Dato bezahlt haben. Es wird nun auch darüber diskutiert, eventuell *„ORF Sport plus"* abzustellen, was ja gar nicht so schlecht wäre, denn ich frage mich schon, für was wir diesen Sender überhaupt brauchen, wenn ich im Hauptabend Programm im „ORF 1" wochenlang dann Fußball sehen muß?

Bei den Diskussionen wird auch immer von einem politisch unabhängigen ORF gesprochen! Ja wie lächerlich ist denn das? Der ORF war, und wird NIE politisch unabhängig sein, denn wer sowas glaubt, der glaubt auch das es bei der leider wieder kommenden Staffel „Dancing Star", es wirklich ums tanzen geht. Nun wie weit die „Haushaltsabgabe" nun einen Unterschied macht und gerecht ist, kann ich nicht beurteilen, aber soweit ich es mitbekommen habe, soll es zwar weniger sein als die „GIS" so um die 17.- € im Monat, wenn ich richtig zugehört habe, sollen es dann 400.000 Haushalte sein, wo dann dem ORF 795.000.000.- € zukommen, eigentlich mehr als bisher mit dem „GIS". Aber Punkto Gerechtigkeit macht es keinen Unterschied, denn egal ob einer in seinem Haushalt ein TV Gerät hat oder nicht, er muß zahlen. Aber vielleicht es doch gerecht, denn wenigsten müssen dann die ganzen „Selfidoten" die mit ihrem „streamen" die Server belasten, auch bezahlen. An Werbeeinnahmen, verdient der ORF sowieso an die 300.000.000.- € im Jahr, noch zu unseren Steuergeldern dazu, deshalb gibt es ja auch „dicke" Pensionen und Managergehälter wenn man beim ORF ist oder war!

Hier ein Auszug vom „Mit jeder APP wirst mehr zum Depp":

Zurück zum Fernsehen, und damit auch zum GIS, die man ja, ob man will oder nicht, an den ORF zu bezahlen hat. Nun der Leser hat sicher schon bemerkt, daß ich sehr gerne queruliere und herum streite, weil es mir ganz einfach Spaß macht. Noch mehr macht es mir Spaß, wenn der Kampf aussichtslos scheint, ich gegen „Windmühlen" kämpfe, oder in einem Wespennest herum stochere, im übertragenen Sinn. Nun da es anscheinend mit dem GIS so ähnlich wie mit der Hundsteuer ist, habe ich einmal für Gabriela den Kampf gegen ORF und GIS aufgenommen. Es ist vielleicht wieder sinnlos und „leere Kilometer", aber die Zeit dafür nehme ich mir gerne. Genauso wie ich hier davon berichten will, denn ich finde die Drohung vom GIS eine Frechheit, die sie meiner Frau Gabriela in einem Schreiben gemacht haben. Denn falls sie nicht das GIS bezahlt, drohen sie mit der Bezirksverwaltungsbehörde, wer immer das auch ist, und einer Strafe bis zu 2180.- €.

Wie ich ja schon anmerkte, hat meine Frau ihren Kampf gegen den Krebs seit 2016 bis jetzt gut bestanden, (aber das MRT zeigt an, das trotzdem noch genug von dem Sch... in der Stirn,- Neben,- und

Kieferhöhle sitzt) nur soll sie trotzdem keinerlei Streß ausgesetzt werden, was bei diesem Drohbrief vom GIS und ORF sicher nicht sehr hilfreich ist.   Nun könnte ich mir diesen Kampf ja leicht sparen, denn Gabriela hat ja die Mindest Invaliden Rente, also würde sie auch eine Befreiung vom GIS bekommen, aber das wäre ja zu einfach, vor allem könnte ich da ja nicht aufzeigen, was da in Österreich und den Gesetzen vor sich geht.   Somit wollte ich einmal klar stellen, daß meine Frau ihren Fernseher nur zum DVD oder Video ansehen benutzt, und da bei einem Test, der Empfang vom TV Programm sehr mühsam ist, denn wenn ein Auto die Göschlgasse rauf fährt, „friert" das Bild ein oder bricht zusammen, was also einen problemlosen Fernseh-Empfang erheblich stört, und dabei rede ich jetzt gar nicht davon, daß man vielleicht eine Sendung aufzeichnen wollte. Nun interessierte es mich, ob jemand dieselbe Höhe an Gebühren bezahlen muß wie andere GIS Benutzer, auch wenn er nur einen Teil der Sender bekommt, oder der Empfang eben empfindlich gestört ist. Nein hier ist es noch besser als bei der Hundesteuer, es genügt ein Fernseher, auch wenn er nicht benützt wird, wenn die Gegend mit dem sowieso fragwürdigen „Programm" terrestrisch versorgt wird. Hier ein Auszug vom GIS als Erklärung:

<u>Die Programmentgelte nach dem ORF-Gesetz sind dann zu bezahlen, wenn mit diesen Rundfunkempfangsanlagen die Programme des ORF wahrnehmbar gemacht werden können. Sie sind aber auch dann zu bezahlen, wenn der Empfang der ORF-Programme mit der konkreten Gerätekonstellation zwar nicht möglich ist, jedoch der Standort der Rundfunkempfangsanlagen mit den Programmen des ORF terrestrisch versorgt ist (§ 31 Abs. 10 ORF-G).</u>

Nun eigentlich habe ich den ORF nicht gesagt, daß er meine Gegend mit seinem „ORF Programm" versorgen soll, weder terrestrisch noch mit Kabel, und wir wollen es eigentlich auch nicht, also könnte er es ruhig einstellen, oder von den Leuten kassieren, die den ORF auch wirklich wollen und nicht per Gesetz die Leute mit ORF Programm Gebühren „zwangsbeglücken"! Da haben wir ja noch Glück, daß wir nicht auch ohne Hund schon Hundesteuer bezahlen müssen, nur weil wir einen Garten und Platz für einen Hund hätten.

Nun komme ich mir wirklich schon lästig vor, wenn ich schon Interesse halber, wieder beim BVG eine Klage und Einspruch machen will. Aber es kann doch nicht Gerecht sein, und Gleichheit anderen gegenüber, wenn es richtig sein soll, das ich wie bei der Hundesteuer für 10 Monate Steuer bezahlen soll, wo ich gar keinen Hund habe? An diesem Gesetz muß gearbeitet werden! Dann soll ich vielleicht, wo ich fast keinen, oder sehr schlechten Empfang habe und somit nur einen Teil der Programme überhaupt sehen kann, genau so viel GIS zahlen, wie einer der alle Programme ohne Probleme und Störungen empfängt? Ist nicht hier auch etwas falsch gelaufen?

So jetzt sind wir wieder bei Thema, Fernsehen und ihre Programme und den sechs Kategorien, die auch hier meine persönliche Freiheit sehr einschränken. Denn 90% wollen etwas sehen, was ich sicher nicht will, geschweige denn, dafür bezahlen muß. Es gibt Kanäle oder Programme, wo ich extra bezahlen muß um in den fragwürdigen Genuß komme, alle Fußballmatches zu sehen. Aber ok, wenn es wer sehen und dafür bezahlen will, selber schuld. Aber wichtiger ist es wahrscheinlich, er sieht es OHNE Werbung, und für das könnte man wirklich gerne bezahlen, wenn einem das was man sehen kann, es auch wert ist.

Der ORF bringt nicht einmal die „Moto GP" Rennen, sondern in diesem Fall bringt es nur „Servus TV". Aber der ORF bringt für die ferngesteuerten Nasenbohrer die primitivste Sportart, nämlich Fußball, und ich soll da GIS bezahlen, und kann in keinster Weise dabei mitreden, was ich sehen will? Natürlich stundenlang Tennis, was mich persönlich auch so interessiert, wie wenn in Kanada ein rotes Rad umfällt, Wintersport zum umfallen usw. Dann werde ich dazwischen noch mit Werbung jeder Art im wahrsten Sinne des Wortes „zu geschissen" die einem wirklich weh tut, und ich kann nichts dagegen einwenden und muß es mir ansehen. Ich würde nicht wagen in das Möbelhaus mit der Familie von Laienschauspielern zum Einkaufen zu gehen, selbst wenn ich was brauchen würde. Denn obwohl ich weiß, die Werbung wird sicher nicht gedreht, wenn das Möbelhaus offen hat. Aber nur zur Sicherheit gehe ich nicht hin, denn falls die doch dort sind, würde ich mich sicher unglücklich machen, und zum Serienmörder werden.

Ich habe ja eigentlich keinen Vertrag mit dem ORF gemacht, wo ich mich entscheiden kann, ob ich solch einen Vertrag und ihre AGB auch eingehen will, also wieso kann ich dann eigentlich geklagt werden? Selbst die SELFIDOTEN mit ihren Smart Phones können sich vertraglich mit ihrem jeweiligen Provider einigen, was sie von ihm beziehen wollen, wie viele Minuten oder GB für das Internet. Da kann sich selbst der Dümmste aussuchen was er davon haben will. Aber nicht beim ORF, den müssen wir bezahlen, ob wir wollen oder nicht. Auch wenn wir keinen Vertrag haben, noch jemals einen unterschrieben. Wie ist so etwas eigentlich möglich? Ich glaube, solches Vorgehen war nicht mal im Dritten Reich unter Hitler der Fall.

Wenn ich Kabelfernsehen beziehe, mache ich einen Vertrag und ICH bestimme, wofür ich zustimme, wie viele Kanäle ich haben will und dann zahle ich für das jeweilige Angebot und wenn ich dem nicht zustimmen will, dann habe ich eben nur die Sender für die ich bezahlt habe. Aber ich glaube auch da wird einem der ORF dann „aufs Auge" gedrückt, ob man will oder nicht. Aber da es auch im Kabelfernsehen sehr, sehr, viel Werbung gibt, ist einer der Gründe warum ich nie eines haben werde und dafür noch bezahle.

Wie kann ich eigentlich, wenn ich in einem Geschäft, für jeden frei zu kaufen, ein TV Gerät erstehe, dann zu einer GIS verurteilt werden? Müßte man mich nicht schon beim Kauf darauf aufmerksam machen? Früher konnte man in der Schweiz und in der BRD diverse Scanner kaufen, die Frequenzen oben hatten, die es erlaubten, in Österreich auch den Polizeifunk abzuhören. Nur da stand auf der Rechnung und der Anleitung, daß diese Geräte in Österreich nur mit einer Genehmigung zu betreiben sind, die natürlich niemand hatte. Aber da wußte man, wenn man die in Österreich benutzt, macht man sich strafbar. Das man nun straffällig wird, wenn man sich ein TV Gerät kauft um seinen DVD-Player und Videorecorder dort anzuschließen, muß man sich ja auf der Zunge zergehen lassen. So etwas kann es nur in unserem verblödeten Land geben.

Somit müßte man nun bei jedem schon verkauften Gerät eigentlich an die Besitzer einen Brief nach schicken, daß sie Straffällig sind, wenn sie nicht die GIS zahlen. Und ab jetzt bei jedem Neukauf, den Kunden auf diesen Umstand aufmerksam machen und es sich auch unterschreiben lassen, daß er es auch verstanden hat, und er ein Verbrecher ist, wenn er die GIS nicht zahlt, falls er an einem Ort wohnt, wo der ORF ihn terrestrisch mit seinem besch..eidenen Programm versorgt.

Ich persönlich finde es sowieso als eine Zumutung, daß mir ORF oder GIS verbieten kann, daß ich meinen TV als Monitor zu verwenden. Ich gehe mit meinem HDMI Kabel in das Fernsehgerät und kann somit am großen Bildschirm besser arbeiten oder wie manche Leute eben ihre Video Spiele darauf spielen, was ich sicher nicht mache. Aber früher bin ich mit den Flugsimulator geflogen das am TV natürlich schöner war als auf meinen Bildschirm vom Lap Top. Oder wie es meine Frau macht, sie schaut eben ein paar DVD an, die wir von

unseren Reisen mit gebracht haben, und nur am Computer
funktionieren, da sie der normale DVD Player nicht nimmt.

Wie weit das nun mit der Gesetzeslage wirklich stimmt ist
fraglich. Aber wenn ich da an die Hundesteuer denke, ist bei uns in
Österreich sicher alles möglich, aber eine Berufung beim BVG werde
ich sicher machen. Wieso macht es denn der ORF nicht bei den
normalen TV Geräten wie früher, soweit ich mich erinnern kann, wie
bei den Satelliten Empfängern? Ich hatte zwar nie ein solches Gerät,
aber ich glaube zu wissen, daß man da eine Karte extra dazu brauchte
um in den fraglichen „Genuß" des ORF Programms zu kommen, was
die Sache sehr erleichter und man dann die GIS mit dieser Karte bezahlt
und nicht „zwangsbeglückt" zu werden und man wird nicht straffällig,
wenn man sich in einem Geschäft einen frei erhältlichen Fernseher
kauft, ohne dabei zu wissen, daß man eigentlich kriminell wird.

Denn vielleicht sind ein paar, sowieso ferngesteuerte die sogar
Gebühren für das Kabelfernsehen bezahlen, trotzdem sie da mit
Werbung bis zum umfallen zugeschissen werden zufrieden, wenn sie die
privaten Sender, und nicht den verstaatlichten von der jeweiligen
Regierung, Parteiabhängigen und sicher nicht unabhängigen ORF
sehen können! Ich hatte schon vorher die Idee, daß einmal ein paar
hundert Tausend ihre Geräte, egal von GIS oder Kabel abmelden
sollten, denn dann müßten sie sofort den Empfang freigeben. Denn ohne
die nötigen ferngesteuerten Zuseher, die ihre vertrottelten Werbungen
sehen, könnten die diversen Stationen sofort zusperren. Wahrscheinlich
nicht der ORF, denn der wird ja sicher von unseren Steuern
subventioniert.

Nur wird man die sechs Kategorien leider nie dazu bringen, so
etwas zu tun, denn da müßte man ja wirklich mal „den Hintern
bewegen" und nicht hinter dem Ofen sitzen und nichts tun wollen,
solange es uns noch so gut geht, und wie schon Arik Brauer sang:

Es würde mich natürlich freuen, wenn jetzt nach einer Volksbefragung genug Leute GEGEN die „GIS" gestimmt haben, diese wirklich abgeschafft wird, nicht nur dann gegen eine „Haushaltsabgabe" ersetzt wird, nur leider glaube ich nicht daran, daß es auch der Fall sein wird, denn ehrlich gesagt, wann hat der Regierung jemals interessiert was das Volk will? Jedenfalls frage ich mich schon für was der ORF einen Sender wie „Sport Plus" betreibt, wenn im Hauptabendprogramm von ORF 1, nur wochenlang Fußball, Tennis oder Schirennen zu sehen sind, die ja in den Sport Sender gehören sollten? Selbst den „Formel 1" überträgt diesmal nur „Servus TV" von „Moto GP" gar nicht zu reden, also wie wird da auf die Zuseher eingegangen?

Nun wenn man sich dann die Sendung „Hohes Haus" ansieht und „Dank" der Fernsehübertragung die Abgeordneten beobachten kann, dann sieht wie ein Drittel mit ihren sche... Smart Phones spielt oder SMS sendet, das andere Drittel auf ihren „Lap top" arbeiten, dann hat man Glück wenn das restliche Drittel dem Redner auch zuhört, wenn er sich nicht gerade mit dem Nachbarn unterhält. Dafür haben sie aber einen guten Stundenlohn, nur frage ich mich für was?

Es ist jetzt Anfang März und frühlings Beginn und nun weiß man so ungefähr, das man bei dem Erdbeben von der Turkey und Syrien über 50.000 Tote hatte, und die Schäden mit fürchterliche Ausmaßen etwas von den Schäden in der Ukraine die vom noch immer, nun über ein Jahr andauerten Angriffskrieg von *Putin* Krieg etwas ablenken. Die Spendenaufrufe werden noch jahrelang nicht enden, und immer wieder wird auf die Tränendrüsen gedrückt, auch mit solchen Meldungen wie:

„In Afrika sterben so viele schwangere Frauen und brauchen unsere Hilfe"!

Nun, es kann nur der Mensch so verblödet sein, noch Kinder zu zeugen, auch wenn er weiß, dieses Kind wird weder genug zu essen haben, noch ist eine gesundheitliche Versorgung garantiert, von einer Ausbildung gar nicht zu reden! Dasselbe passiert in den Flüchtlingslagern, wo alle noch fleißig weiter „züchten" wie die Meerschweinchen. Einer der Gründe, warum ich nie Kinder haben wollte war, ich wußte nicht mit meinem, (zu dieser Zeit) Lebenswandel, ob ich dem Kind eine gute Zukunft bieten könnte?

Aber es ist eben nur der Mensch der es schafft in vielen Dingen, wider der Natur zu handeln, denn in dieser Hinsicht sind sogar die Tiere gescheiter als der Mensch. Als Beispiel, wenn es jemand nicht so richtig glauben will. In jedem Revier wo „Gemsen" leben, wird sofort wenn in diesem Revier nicht genug Futter vorhanden ist, das züchten eingestellt und im nächsten Jahr kein Nachwuchs mehr geworfen! Nur der Mensch ist so blöde, ohne Rücksicht auf Verluste, weiter unnötige Kinder in die Welt zu setzen, aber dann um Hilfe zu schreien, für eine Tat die er selber verbrochen hat! Keine „Gemse" kann um Hilfe schreien, und braucht sie auch nicht, weil sie nicht so blöd wie der Mensch ist! Sollte uns das nicht mal zum Nachdenken anregen als den sinnlosen Aktionen, der verblödeten Menschheit immer weiter Hilfe anzubieten?

Bleiben wir noch etwas bei den Frauen, denn wir hatten ja am 8. März wieder mal den Internationalen „Tag der Frauen"! Die ja doch etwas ungerecht, nicht immer gleich behandelt werden. Nun was ich dabei nicht verstehe ist, warum lassen wir immer mehr Islamisten mit ihrer Religion und fragwürdiger Kultur zu uns ins Land? Eigentlich sollten ja unsere Politiker wissen, selbst die NGO's, daß in ihrer „Kultur" die Frauen, im wahrsten Sinne des Wortes, wie „Dreck" behandelt werden? Selbst die Schulbildung ist verboten, und wenn doch, wollen die fragwürdigen „Familienoberhäupter" ihren Frauen sehr, sehr wenig Rechte einräumen, auch wenn sie bis jetzt nur unter einen „Stein" gelebt haben. Also wie sollen da auch mit einem Frauentag, diese jemals gleichberechtigt werden? Immer wieder wird nach einen Quotenregelung gerufen, meistens von fragwürdigen Emanzen, nur wir haben in den USA schon unter Männern gesehen und miterlebt, was eine Quotenregelung bewirkt, da ging es nicht um Frauen, sondern um die „Hautfarbe"! Weil man lange genug danach gerufen hat, wurden dann z.B.: bei den Busfahrern, mit gleicher Qualifikation, natürlich die ja so „armen" Afroamerikaner, also „schwarze" bevorzugt und bekamen die Posten, und die „weißen" Männer schauten durch die Finger! Ist das dann Gerechtigkeit?

Wie weit es mit der Quotenregelung für Frauen nun wirklich gehen soll ist fraglich. Eines ist sicher, es wird nicht lange dauern, dann wird nach weiteren Quotenregelungen gefordert werden, ein Teil davon ist ja schon in Kraft! Man wird nach einer Quote für die Hautfarbe, dann für Migranten, Asylanten und Flüchtlingen, so wie es jetzt schon ist, nach Behinderten fordern, und bald wird dabei die Qualifikation auf der „Strecke" bleiben. Wenn noch weiter das „Outing" von Homosexuellen und Lesben „IN" wird, dann werden bald quotenbedingt, die Betriebe gezwungen werden, auch Homosexuelle und Lesben einzustellen! Wenn ich an meine Kindheitserinnerungen mit „Schwulen" zurück denke, dann hoffe ich doch, daß wenigstens keine „Schwulen" in den Kindergärten eingestellt werden!

Wo Frauen weniger bezahlt bekommen, sollte aber doch berücksichtigt werden, denn wenn es um die Arbeitskraft geht, wobei die Betonung auf „Kraft" liegt, wo ein Mann mehr leisten muß, sprich heben von Lasten, wo die Frauen natürlich nicht so schwer heben dürfen, sollte doch die Bezahlung unterschiedlich sein. Was bei gleicher Arbeitsleistung aber selbstverständlich sein sollte, daß Frauen auch gleich bezahlt werden. Nur kann ich auch als Mann nicht verlangen, wenn eine Ärztin oder Managerin die eine wesentlich bessere Ausbildung hat, als ich jemals erreichen werde, genau dasselbe wie sie verdiene, das dürfte ja dem Dümmsten klar sein. Obwohl natürlich die „männlichen Taliban" in Afghanistan es auch heute noch nicht einsehen, auch wenn sie nur einen „IQ" von einem „Nylonsackerl" haben! Leider werden aber sogar diese, als „Menschen" eingestuft!

„Gendern" ist wieder in aller Munde! Wie vertrottelt es ist was von den Emanzen da gefordert wird zeigt der „Erfolg" jeder regt sich über diese unnötigen Bezeichnungen für das Gendern auf, weil man dann geschriebenes nicht mal laut aussprechen kann, und würden diese Emanzen auch denken können, dann wüßten sie eigentlich das es sicher nicht mehr Respekt gegenüber Frauen bringt, schon gar nicht wenn wir islamistische Migranten immer mehr in unser Land lassen, die Frauen wie den letzten „Dreck" behandeln obwohl sie selber Analphabeten sind und vorher noch in Höhlen gelebt haben!

Nicht die Sprache verändert die Welt, sondern die Welt verändert die Sprache!

Mal darüber nachdenken bevor sie fordern, daß überall eine 50:50 Quote eingesetzt werden soll, 50% Frauen im Parlament lasse ich mir ja noch einreden, weil dort alle die dort sitzen so was von unnötig sind, jedenfalls 90% davon, also egal ob dann auch Frauen dabei sind. Nur ist es sicher nicht überall möglich, oder werden dann im Straßenbau und in Stahlwerken auch überall 50% Frauen sein? Genügt es nicht, wenn wir eine Verteidigungsministerin haben, die weder jemals ein Soldat war noch vom Bundesheer die geringste Ahnung hat?

Ich muß es hier gleich einflechten, denn man muß wirklich nachdenken wie bescheuert die Medien sind, nicht nur im Internet, sondern sogar in unseren staatlichen Sendern sind sie sich nicht mal einig. Am 9. März 2023 brachten sie im Sender „Radio Wien" wieder einen Bericht, wo man eine Statistik gebracht hat, was eine Universität bei einer fragwürdigen Studie herausgefunden hat. Nämlich sagten sie da aus, was ein Paket im Online Handel an „CO²“ verbraucht, bis es beim Verbraucher landet. Nach dieser „Studie“ verbraucht jedes Paket „1,5 kg“ an „CO²“ bis es zugestellt ist. Na da dürften die mit ihren Transportern, jedes Paket EINZEL zustellen, wenn das wirklich wahr sein soll, was ich natürlich sicher nicht nachmessen oder nachweisen kann. Aber am selben Tag im Mittagsjournal vom „ORF 2“ aber lobten sie den Online Handel und die Post, wo dort die Zustellung wesentlich umweltfreundlicher ist, und somit der Online Handel besser für die Umwelt ist! Also wem sollen wir nun glauben? Wie sagte da mal Johann Wolfgang von Goethe: ***„Die Botschaft hör ich wohl, allein mir fehlt der Glaube“***

Auch wenn die Post immer mehr auf die so gar nicht umweltfreundlichen Elektro Autos umsteigt, die aber nicht immer den nur „grünen Strom“ verbrauchen, und die Herstellung der Batterien der Umwelt schon einen Schaden zugefügt haben, was ein Verbrennungsmotor erst nach fünf Jahren verursacht hat, was aber bei der Werbung für Elektro Autos, nie erwähnt wird!

Welche Schande für Österreich und der Welt, es nähert sich wieder einmal der „Europäische Songcontest“ wo es immer noch genug total verblödete Menschen gibt, die glauben, es geht dort wirklich ums Singen! Sie bezahlen auch wieder freiwillig mit ihrer SMS 50.- Cent um ihre Stimme abgeben zu dürfen, wie bescheuert müßte ich sein, das jemals zu tun? Jedenfalls stellten sie zur Schande für Österreich, denn wir dürften anscheinend nie mehr jemanden wie einen „Udo Jürgens“ bekommen, der mit „Mercie Cherie“ das erste Mal, 1966 für Österreich den Songcontest gewann. Von „der“ oder „dem“ „Conchita“ der für mich noch immer sehr verstörend ist, wo ja nur ein Homosexueller, der sich als Frau fühlt aber dafür einen Bart trägt, nur deshalb gewonnen hat, weil es jetzt „IN" sein dürfte, wenn man lesbisch oder homosexuell ist. Das voriges Jahr die Ukraine gewonnen hat, war sicher auch nicht weil der Song so gut war, sondern weil es jeder vorher wußte wer da diesmal gewinnen wird, nicht das Lied, sondern der Krieg dort war hier Ausschlag gebend. Wer da was anderes annimmt, gehört sicher zu den „sechs" Kategorien die ich in meinen Büchern beschrieben habe. Der „Songcontest" ist politisch genauso „unabhängig" wie unser „ORF"!

Das ärgste ist, das ich da kurz im TV ein wirkliches verstörendes Video vom „Conchita" gesehen habe, wo „es" ein neues „Lied" vorstellt und da halbnackt posiert, was mehr als verstörend, sondern eher ungustiös ist, sowas zu produzieren und damit die Menschheit zu „beglücken".

Nun diesmal haben wir wieder einen „Song" ausgewählt, wer immer dafür verantwortlich ist, gehört an den „Pranger", der wieder eine gute Chance hat, auf den letzten Platz zu kommen. Die Beiden Mädchen dürften hier auch mit der „Frauenquote" als Kandidaten gewählt worden sein, aber sicher nicht mit der akustischen Umweltverschmutzung und ferngesteuerten Tanz den sie da im Video bringen, denn wer zur Hölle, hat diesen Song zugelassen? „Who the hell is Edgar?" sollte eher heißen, „Who the hell needs this shit?" Es heißt zwar immer, jede Generation bekommt die Musik die sie verdient, aber ich frage mich schon, wie weit diese Generation durch die sozialen Medien und dem Internet verblödet ist, das jemanden dieser Song gefallen kann? Ich weiß schon, daß man über Geschmacksfragen nicht streiten soll, aber hier fehlt er total! Es war jedenfalls vorher klar, daß wir damit den 15ten Platz gemacht haben, was ja niemanden wundern dürfte, wenn er dieses „Lied" gehört hat!

Nun haben sie es in Frankreich Ende März geschafft, in Paris die Elektroroller von den Leihfirmen zu verbieten, was aber noch immer genug von privaten Elektroroller überbleiben läßt. Leider wird es bei uns in Österreich nicht gelingen, und eines ist jetzt schon sicher, die Unfälle werden sich weiter häufen und man kann sich nicht dagegen wehren, wenn die Vollidioten an einem schnell vorbeifahren, sei es in der Stadt am Gehweg oder am Treppelweg bei der Donau, wo sie auf einmal geräuschlos hinter einem auftauchen. Mir war es immer unverständlich wieso erwachsene Leute mit einem Elektro Tretroller herumfahren wollen, ich wollte es nicht mal als Kind und habe den Tretroller übersprungen und gleich aufs Fahrrad umgestiegen. Später hätte ich mit meinem doch 1,96 m auf einem Tretroller so oder so, keine gute Figur gemacht, wieso es heutzutage die „ferngesteuerten Nasenbohrer" freiwillig machen, wird mir ein Rätsel bleiben? Mit Umweltschutz kann es mal nichts zu tun haben, wenn man bedenkt was die Batterien von Elektroroller schon vor ihrem Einsatz, schon an Schaden der Umwelt zugefügt haben, was aber niemand sagt oder zugibt!

Meldungen die man nicht vergessen sollte.

In aller Munde und in den Schlagzeilen ist wieder mal, wie die Kinderarmut die verhindert werden soll? Na vielleicht sollte man dafür sorgen, daß Erstens nicht immer mehr Migranten mit unzähligen Kindern nach Österreich kommen und von uns versorgt werden. Zweitens kann ja jeder, ohne darüber nachzudenken ob er sich ein Kind leisten kann, Kinder in die Welt setzen und wird vom Staat dafür noch unterstützt. Nur wer sich einen Hund zulegen will, muß dafür noch bezahlen, dann noch für manche Hunde eine Prüfung ablegen und Hundesteuer zahlen. Für die gibt es keinerlei Unterstützung vom Staat, man muß das Futter und den Tierarzt selber bezahlen, für Tiere gibt es keine E-Card! Es gibt zwar Kinderbeihilfe aber sicher keine „Hundebeihilfe“! Nein, mit solchen Fernsehserien wie *„Teenager werden Mütter“* werden die unmündigen noch angeregt wie die „Meerschweinchen“ zu werfen, weil sie vielleicht ins Fernsehen kommen. Jeder arbeitslose, Junkie, Alkoholiker und sogar Behinderte die nicht für sich selber Sorgen können, dürfen noch Kinder in die Welt setzen, denn unser verblödeter Staat wird dann schon für sie sorgen. Und unter diesen Umständen wird dann über Kinderarmut geredet, wo fast jedes Kind dafür ein Smart Phone besitzt und Internetzugang hat, und alle in Kindergärten von „Pädagogen“ betreut werden müssen, und man zig verschiedene Mahlzeiten zubereiten muß, weil ja unsere Küche für die vielen Moslems nicht gut genug ist. Wer von den NGO's und Gutmenschen glaubt, daß unsere Kinder in diesen Herkunftsländern, extra bekocht werden würden?

Wieder mal zur Politik, wenn eine Partei wie die SPÖ nicht mal 600 Stimmen richtig auszählen kann und den falschen Obmann aufstellt, wie soll sie dann fähig sein in einer Regierung zu handeln? Der neue Parteichef Babler, meiner Meinung nach ein „Wabbler“ weil, wie auch andere Politiker meinen, eine 32 Stunden Woche nur Wahlpropaganda ist und eine Träumerei, denn wer soll das bezahlen? Früher hat es Sprüche gegeben, wie: „Wer nichts ist und wer nichts kann, geht zur Post und Bundesbahn!" Nun würde es eher auf die Mandatare, Politiker und alle die im Parlament sitzen zutreffen, denn dort braucht man weder was gelernt haben, noch können, nicht mal wenn man ein Minister wird! Und ehrlich, wer tritt schon einer Partei bei, wenn er eine eigene Meinung hat?

Der ORF 2 im Zeit in Bild am 9 August 2023 sagt, 72% der Sozialbetrüger sind Ausländer mit insgesamt einem Schaden von 89 Millionen Euro! Nur dann frage ich mich schon, warum macht unsere unfähige Regierung nichts dagegen?

Auch Tempo 30 km/h im Ortsgebiet ist fraglich wie weit es was ändert, ohne die Autofahrer in Schutz zu nehmen, denke ich doch, das viele Radfahrer, Tretrollerfahrer und „Selfidoten" die auf ihr Schmarrn Phone starren auch daran schuld sind! Egal wohin man schaut, jeder Vollkoffer hat ein Handy in der Hand und starrt drauf, wieder frage ich mich, wer braucht das, außer die „Sechs Kategorien" von Menschen?

Ende Juli 2023 sind auf einen Frachter geladenen Elektroautos daran schuld, das er in Flammen aufging und fast im Wattenmeer gesunken wäre und zu einer Umweltkatastrophe geführt hätte. Dafür wird aber immer mehr Werbung für die E-Autos gemacht, wieder ohne vorher zu erwähnen, wieviel Schaden die Erzeugung von den Batterien der Umwelt schon zugefügt hat

Ebenfalls Ende Juli 2023 ist ein Streik von Schauspielern und Drehbuchautoren in Hollywood, nur frage ich mich wieso man die braucht, denn auf 90% der jetzigen Serien könnte man gerne verzichten. Von Qualität kann man sicher bei 90% der Filme und Serien sicher nicht sprechen, und ich weiß nicht welche „Vollkoffer" die herunterladen und ansehen. Wie bescheuert müßte ich sein, mir jemals einen „Barbie" Film anzusehen, oder zig Marvel Produktionen mit Superhelden in Strumpfhosen?

Ende Juni 2023 sorgten die Unruhen in Paris für viele Demonstration wo die Plünderer dafür sorgten viel Gewalt und Auto anzünden mit Geschäften plündern sicher nichts mit dem Tod von dem Migranten bei einer Polizeikontrolle zu tun hat. Egal um wem es sich handelt, ob Opposition in der Politik, siehe Trump Anhänger, oder diverse Demos, egal gegen was, es ist ihnen jedes Mittel recht anderen Schaden zuzufügen!

Nach der unnötigen Frauen Fußballweltmeisterschaft, wo sich der Trainer Rubiales zu einen Kuß auf den Mund hingerissen hat, bekam dieser wirkliche unnötige Emanzen sch…. mehr Aufmerksamkeit in allen Medien, als ein totes Mädchen das Vergewaltigt wurde und dann in der Simmeringer Hauptstraße abgelegt wurde, also diese Menschheit ist offensichtlich KRANK!

Nun zur Kirche und Religion, was bringt ein Besuch vom Papst in der Mongolei was ein Vermögen kostet, wenn in einem 3.000.000 Einwohner Land nur 3.000 Christen sind? Dieses Geld könnte man für die Armen verwenden, nur der senile Papst macht lieber eine Besichtigungstour in der Mongolei.

Der Krieg ist am 7.10.2023 in Israel ausgebrochen und könnte eskalieren noch im Oktober 2023 nun wie man es sieht. Die Israelis bauen seit Jahre auf Gebiet das eigentlich zu Palästina gehört, besser gesagt im Westjordanland, munter ihre Siedlungen obwohl ich dort sicher nicht bauen wollte, nur Sand und Steine! Welches Land würde es gerne haben, wenn jemand darauf baut, wenn es von jemanden früher gesagt wurde, es gehört nun Israel und nicht mehr Euch? Allerdings muß man sich auch mal die Frage stellen: *„Wieso werden die Juden eigentlich seit über zweitausend Jahren verfolgt?"* Ein Schelm wer

Böses dabei denkt, die könnten ja wirklich selber daran schuld sein! Das Warum, kann weder ich beantworten noch zeigt es wirklich die Geschichte, nur es würde mich doch brennend interessieren, warum es so ist. Aber fast sicher ist, es hat wieder mal mit der Religion zu tun.

Nachdem nun Ende Oktober die Bodenoffensive im Gaza Streifen von den Israelis begonnen wurde und es gibt zig Tausende Tote nachdem Hamas 1400 Israelis mit dem Terroranschlag getötet haben und 240 Geiseln genommen haben. Man schreit nach Waffenstillstand, nur wann war der eigentlich jemals? Soweit ich mich erinnere hat die Hamas schon immer in den letzten Jahren, Israel mit Raketen beschossen, also wann gab es jemals wirklich einen Waffenstillstand? Genau so wenig hat sich die Hisbollah im Libanon jemals darum gekümmert, und wann sie Lust hatten, auch Raketen nach Israel geschossen. Um hier eine dieser Seiten wirklich zu verstehen, gehörte jemand gescheiterer als ich her, wie kann Israel auf Leute reagieren, die seit Jahren schreien: *„Israel muß mit allen Juden, ausgelöscht werden“* Andererseits, sollte man auch die Palästinenser verstehen, die ja der Meinung sind unter der Besatzung von Israel seit Jahren zu leben, und man auf fragwürdigen Territorien, wo sich die Besitzansprüche divertieren, wie im „Westjordanland“ Siedlungen baut!

Es sollte jetzt am 24.11.2023. ein Waffenstillstand kommen und angeblich sollen dann 50 Geiseln, Frauen und Kinder, freigelassen werden, und im Gegenzug soll Israel 150 Gefangene Palästinenser freilassen. Wobei ich mich dann schon frage, mit welchen Maßstäben hier gemessen wird, denn sind hier die Israelischen Geiseln weniger Wert, daß dafür 150 Gefangene freigelassen werden müssen? Na wir werden sehen was hier dabei rauskommt, nachdem dieser Krieg ja bereits seit sieben Wochen dauert.

Mir persönlich sind die Juden egal, genauso wie die Moslems oder alle von anderen Religionen, die ich persönlich alle für unnötig finde. Aber wie sagte da schon mal Karl Marx: *„Religion ist Opium für das Volk"* Aber es ist natürlich leichter was zu glauben, als selber zu denken! Ich verstehe absolut nicht, wieso man seine Religion öffentlich zur Schau stellen muß, damit die ANDEREN die gegen diese Religion sind, sofort sehen können wem sie nun hassen müssen, und somit haben diese ferngesteuerten Idioten sofort die Möglichkeit gegen diese Menschen vor zu gehen oder zu demonstrieren! Ich würde weder eine Kippa tragen, noch Thread locks, oder einen der bescheuerten Hüte der orthodoxen Juden! Genau so wenig verstehe ich, warum man Frauen zwingt ein Kopftuch zu tragen, oder gar eine Burka. Aber was will man von Völkern die „unter einen Stein" gelebt haben und die Zeit anscheinend für sie stehen blieb? Vom Turban und den diversen Kasten in Indien kann man ja auch lange diskutieren, und meiner Meinung nach, und nicht nur meine, ist Religion ein Schwach Sinn!

Vor allem, weiß man ja gar nicht zur welcher Seite man nun halten soll? Denn wenn ich jetzt mal die Seite von den Palästinensern betrachte, wo meiner Meinung nach und was man so hört, sicher auch wieder meine 90:10 Regel zutreffen wird, also eher wenig Zivilisten wirklich unschuldig sind, denn nicht nur die HAMAS sondern auch die Zivilisten seit Jahren 90% nur die Einstellung hatten, Israel gehört ausgelöscht und alle Israelis gehörenden getötet! Also denke ich, was sollen sie dann von den Israelis erwarten? Das nun die Moslems und Islamisten noch eines „drauflegen" und ja auch alle Christen vernichten wollen, ist sicher noch eine andere Sache die mir zu denken gibt, oder liege ich da so falsch?

Jedenfalls haben wir nun in diesem „Religionskrieg", anders kann man es ja nicht nennen, diesen Krieg auch in Österreich wo sich die sechs Kategorien gegenseitig bekämpfen und demonstrieren, jeder gegen jeden, aufgestachelt durch „fake" Videos in allen sozialen Medien, speziell auf „Tik Tok" wo wir dann bei der Institution sind, die der Menschheut sicher zum Verhängnis werden wird, so viel uns das Internet gebracht hat, der Schaden den sie an der verblödeten Menschheit anrichtet wird um vieles größer sein, und das ist keine Vorahnung sondern ein „Fakt"! Da ja in unseren Schulen bereits mehr Migranten als wirkliche Österreicher sind, haben wir nun diesen Krieg sogar in den Klassenzimmern, wo diese „Gäste" nun ungeschoren andere Mitschüler terrorisieren können!

Da ich meinen „Stil" der von vielen angezweifelt wird, trotzdem beibehalten will, und somit auch unsere Persönlichen Erlebnisse in den Text einfließen lasse, wie ich es früher in meinen Segelberichten, Logbuchmäßig auch immer gemacht habe. Da es dabei auch um unser Gesundheitssystem geht, will ich diese Geschichte hier erzählen.

Gabriela hat sich am 11. September 2023 bei Spazierengehen mit unserem Hund „Shiva" bei einer blöden Drehung am linken Fuß, beim Knie den Schienbeinkopf eingebrochen und nachdem ich sie nach Klosterneuburg ins Spital brachte, wurde sie nach Erstversorgung nach Tulln gebracht wo sie noch um 2200 operiert wurde. Sie bekam eine Metallplatte mit vier Schrauben eingesetzt und darf jetzt ihren linken Fuß für sechs Wochen nicht belasten. Nachdem sie angeben konnte, daß sie von mir die nächsten Wochen versorgt und unterstützt wird, brauchte sie nicht in ein Pflegeheim gebracht werden, sondern konnte am 15.9.2023 entlassen und nach Schottwien gebracht werden. Nun das Pflegeheim würde von der Krankenkasse bezahlt werden, nur wenn ein Angehöriger den Patienten zu Haus pflegt und versorgt, fällt man in Österreich mit unseren Gesundheitssystem, im wahrsten Sinne des Wortes, „durch den Rost". Es gibt keine Unterstützung, weder für den Patienten noch für den pflegenden Angehörigen. Nur wenn sie schon vorher in einer „Pflegestufe" war, hätte man eine Chance auf eine Unterstützung. Der NÖ Pflegetausender ist wie alles in Österreich eine „Augen auswischerei"! Es gibt ihn nur wenn man schon eine Pflegestufe hat, und nach Anruf von einer netten Dame, meinte sie, Gabriela hätte ja in eine Pflegeeinrichtung gehen können! Daß sie unserem System viel Geld erspart, weil sie von mir die nächsten acht Wochen zu Hause betreut wird, bekommt man keine Unterstützung vom Staat, sondern wird noch bestraft!

Wie verblödet unser System ist, zeigt auch sofort der REHA-Antrag der vom Spital sofort eingereicht wurde. Dieser wurde sofort von der PVA bewilligt, nur hat die Sache einen Haken! Der Antrag gilt nur für vier Monate, aber …… es gibt, nachdem ich ca. acht REHA-Kliniken kontaktiert habe, keinen Platz vor Februar 2024! Nun nach meiner Anfrage wie so was sein kann, daß man nur vier Monate Zeit hat, es aber keine freien Plätze gibt, und eine REHA erst Monate später nicht gerade sehr hilfreich ist. Ich wurde sogar von der PVA zurückgerufen und der freundliche Herr meinte nur, daß es leider ein Gesetz sei, und viele aufgeschobene Operationen jetzt gemacht wurden, und es deshalb keine freien Plätze gibt, und Gabriela muß nun einen neuen Antrag stellen.

Nun nach neuerlichen ausfüllen vom Antrag, wurde nach Wochen endlich doch die REHA bewilligt und Gabriela bekommt nun Mitte Februar einen Termin in der REHA-Klinik „Raxblick" die nicht weit von Schottwien ist und ich sie mit „Shiva" öfters besuchen kann. Der einzige Lichtblick in dieser ganzen Sache mit dem Unfall ist, unsere Unfallversicherung hat sogar mal etwas bezahlt, somit wissen wir wenigsten, warum wir seit über 20 Jahren die Versicherung eingezahlt haben. Nun da ich anscheinend mit Gabriela solidarisch sein will, und mir vor Wochen beim Heckenschneiden das linke Knie „bedient" habe, und ich, da ich immer wieder schmerzen hatte, von unseren Orthopäden und Freund Thomas zum MRT gesendet wurde und nun weiß, daß ich mir den Meniskus eingerissen habe, und es sicher nicht von alleine heilen wird, also ich auch operiert werden muß, was mich nicht sonderlich begeistert, wie sich der werte Leser sicher vorstellen kann!

Da der Umstand, daß ich auch operiert werden muß, stellt uns auf ein Dilemma, denn wir haben schon einen Urlaub in Kroatien in Skradin reserviert, wo wir wie voriges Jahr die Feiertage verbringen wollen, wo „Shiva" ihre Ruhe hatte und nicht wegen der Knallerei zu

Silvester in Angst und Schrecken versetzt wird, weil es wirklich ruhig gewesen ist. Nun da wir die Reservierung mit Handschlag gemacht haben und nicht mal eine Anzahlung machen mußten, wollen wir Zeljko trotzdem nicht hängenlassen, vor allem hatte ich ja auch vor im Winter dort in Ruhe dieses Buch fertig zu schreiben. Nur wie weit ich die Schmerzen im Knie die zwei Monate aushalte, steht in den Sternen und ich kann nur hoffen, unseren Urlaub nicht vorzeitig abbrechen zu müssen. Wer nun glaubt wir haben so viel Geld um zwei Monate Urlaub machen zu können, möge bitte bedenken, daß wir um das Geld was es kostet, fast dieselbe Summe in Schottwien für Strom bezahlen müssen, da wir mit Infrarotpanele heizen, also dort fast günstiger wegkommen und heizen können wie wir wollen.

Da wir nicht genug Geld haben um nochmals ein Segelboot zu kaufen, was mir sehr leid tut, denn mir geht das Meer noch immer sehr ab, haben wir uns ein Wohnmobil zugelegt wo ich hoffe, mit Gabriela nochmals eine Tour durch Europa zu machen, und alle Orte wo ich mit meinen Exverlobten, Marion und Gabriele war, nochmals anzusehen und doch nochmals Korsika mit der Fähre zu machen und dann vielleicht über diese Reise mit dem WOMO auch ein Buch mit Fotos veröffentlichen zu können. Vielleicht auch zu unseren Freunden im Norden und zu meinen gescheitesten Freund Stefan in Schottland zu fahren. Wie es gehen wird wissen wir noch nicht, aber beim WOMO trifft es sicher zu: *„Der Weg ist das Ziel"*! Shiva wird mit ihrer großen „Hundehütte" hoffentlich auch Freude haben. Jedenfalls, wenn ich so zurückdenke, was ich mit Marion und meinen selbst ausgebauten WOMO einen Ford Transit erlebt habe, würde auch ein Buch füllen und auch wenn es negative Erlebnisse waren, denke ich gerne zurück, ob nun fünf Tage vor Mechaniker in „Zaragossa", wo wir nach der Wüste in Spanien, auf die Zylinderkopfdichtung warten mußten, oder nach Portugal in „San Sebastian" weitere fünf Tage auf eine Kupplung gewartet haben. Oder mit Gabriele und unseren VW Passat in Paris die

Halbachse runterfiel, es gibt immer was zu erzählen, wenn man unterwegs ist, und zu Hause sitzen und warten wie die Zeit verrinnt ist weder Gabrielas, noch mein „Ding" solange wir es noch können, wollen wir es auch tun!

Die verlogenste Zeit des Jahres!

Nämlich die Weihnachtsfesttage, wo wir wieder mal nach Kroatien / Skradin geflüchtet sind, wo ich allerdings erst heute am 30.12.2023 wieder mal ein paar Zeilen schreibe, aber immer noch nicht den wirklichen „Löffel" dazu habe um an diesem Buch weiter zu schreiben. Vor allem kommt man ja nicht mal hier Weihnachten aus dem Sinn, denn auch hier wird man in jeder Minute im Radio oder TV an diese „schöne festliche" Zeit krampfhaft erinnert, was einem wirklich schon weh tut! Zum Glück ist mein Kroatisch sehr schwach und ich verstehe eher das Wenigste davon. Ein Teil unserer Freunde kämpft sich wie jedes Jahr eher streßvoll durch diese Zeit mit diversen Einladungen und Besuchen, worauf zum Glück, Gabriela und ich sehr, sehr gerne verzichten und uns ersparen jemanden anlügen zu müssen, oder angelogen zu werden. Es ist ungefähr das Selbe wie wenn die Leute dann einmal im Jahr, natürlich zu Allerheiligen auf den Friedhof gehen, aber sonst das ganze Jahr die Verstorbenen am Arsch vorbei gehen! Wieder sieht man auch hier die „Sechs Kategorien" vertreten über die ich ja immer schreibe, und die mich zu einen Misanthropen gemacht haben!

Internet, Zufluchtsort für Chaoten und Idioten!

Zwei Dinge werden wir nie mehr in den Griff bekommen: Daß Internet und die Migranten, Asylanten und Wirtschaftsflüchtlinge.

Da wären wir nun bei der Zahl „666" und beim Internet! Der Hebräische Buchstabe „W" ist in der Zahlenreihe die „6" also eindeutig steht w.w.w (world wide web) oder auch Internet genannt, für die Zahl des Bösen aus der Bibel, nämlich die Zahl „666"! Nun es stellt sich hier nicht die Frage ob uns das Internet den größten Schaden zufügt, für unsere Wirtschaft und Leben wie wir es kennen, sondern nur WANN es passieren wird, denn eines ist sicher, ES WIRD PASSIEREN!

Es erinnert mich an Robin Williams aus seiner Comedy Show am Broadway wo er den ehemaligen Präsidenten vom „Micky Maus Land", Bush lächerlich machte und ihn sagen ließ:

„We don't know when, we don't know where, we don't know what, but something bad will happened!"

Das könnte man sofort über das Internet aussagen: Wir wissen nicht genau was, wann oder wo, aber es wird passieren, wenn das gesamte Internet zusammenbrechen wird, denn es wird unser bisheriges Leben wie wir es kennen, total verändern, denn es wird schon zu viel mit dem Internet kontrolliert, und es ist sicher alles andere als „smart" wie wir uns mit APP's und den Daten kontrollieren lassen. Es ist sicher, dieses Chaos was entstehen wird und auf uns zukommt, kann von keiner Polizei und Regierung mehr kontrolliert werden! Dann werden uns alle bereits gewesenen Demonstrationen, Plünderungen und Straßenschlachten zwischen verschiedensten Migrantengruppen, wie ein „Senioren Wandertag" vorkommen.

Nur mit dem Internet und den vertrottelten sozialen Medien wie „Tik Tok" und „Youtube" Videos und wie die APP's alle noch heißen mögen, mit den „Influencern" und „Podcastern" die bestenfalls eine „Krankheit" sind, aber damit die sechs Kategorien so stark beeinflussen können und sogar über diese Medien noch die besonders „Ferngesteuerten" radikalisieren und zu Terroristen und Fanatikern erziehen. Leider werden wir es nicht verhindern können, wie ich schon in meinen früheren Büchern geschrieben habe, die Spirale zieht sich zu und wird immer enger. Auch von den verblödeten Ratschlägen von selbsternannten Experten und Regierung, wir sollen, natürlich wieder über das Internet, selber herausfinden ob ein Video nun „wahr", oder ein „fake" ist? Solche Ratschläge sind ja auch mehr als vertrottelt, denn wenn selbst Fachleute es manchmal sehr schwer haben ein „fake" Video zu erkennen, wie sollen es dann die „Schwurbler" und Verschwörungstheoretiker erkennen die ja sowieso jeden „Scheiß" glauben? Es wäre eher ein Gesetz vonnöten, daß verhindert wird, daß jeder „Vollkoffer" alles was er will in den sozialen Medien veröffentlichen kann, und unsere Regierungen nicht fähig sind sowas zu verhindern! Es ist eine Tatsache, das Internet, wie es jetzt gehandhabt wird, wird unser Untergang sein, leider wird es niemand verhindern können, jedenfalls wüßte ich nicht wie, wenn wir nicht mal „fake" Informationen kontrollieren und verhindert können?

Wobei dann nicht mal die Vollidioten alleine daran schuld sind, wenn sie auf „Tik Tok" Videos rein stellen wo sie einer Katze doppelklebe Bänder auf die Pfoten kleben, wo die Katze verzweifelt durchdreht und versucht die Klebebänder los zu werden, und bei dieser Quälerei dann gefilmt wird. Nein es ist die Schuld von den „Arschlöchern", die diese Videos ansehen und anklicken, wie krank müssen diese „Menschen" eigentlich sein? Da sind wir wieder bei dem Ausspruch, wir sind alle „gleich"! Sicher nicht, denn ich finde es für extrem beleidigend mit solchen „Arschlöcher" auf eine Stufe gestellt zu werden!

Ganz Afrika und naher Osten in Europa!

Weiter geht es mit dem großen Problem, daß wir bald ganz Afrika, und jetzt wie man festgestellt haben sogar immer mehr Anträge auf Asyl von Türken kommen! Wieso frage ich mich schon, dort ist ja kein Krieg, aber wir verköstigen nun alles was von Afghanistan, Syrien, Tschetschenien usw. zu uns kommt, vor allem belastet es unser ganzes Sozial und Gesundheitssystem und unsere eigenen Staatsbürger bleiben auf der Strecke. Was bleibt am Ende dann übrig, wenn dann alle in Europa sind und wir dann bald nicht mehr wissen wo wir bleiben sollen? Menschenrechte hin oder her, wo bleiben denn dann unsere Rechte, die in ihren Ländern sicher nicht für uns zutreffen würden, und wir dort keinerlei Rechte bekommen würden, auch dann und vorher nicht für uns, auch als noch kein Krieg war, wir dort nie Hilfe bekommen hätten, wir aber alles aufgeben sollen und diesen Leuten alles geben und helfen sollen?

Aber noch ein größeres Problem was wir uns in Österreich, durch den Beitritt in die EU wo wir keinerlei eigene Rechte mehr haben, ist die Kriminalität der Verbrecher die wir uns eingeladen haben und noch von uns unterstützt werden. Obwohl unsere Medien, wo ja keines davon unabhängig ist, versucht in ihren Berichten zu erwähnen, daß der Täter ein Migrant, Asylant oder Flüchtling ist. Nein, sogar wenn man extra erwähnt es ist ein Österreicher, dann hat er zu 90% einen Migranten Hintergrund! Jedenfalls egal in welchen Medien es berichtet wird, es muß nicht unbedingt von der FPÖ kommen, obwohl man dieser Partei leider schon in vielen Dingen Recht geben muß, was unsere Einwandererpolitik betrifft, steht eines fest, wenn man auch nur einem Teil der Berichte glauben darf. Egal ob es sich um Delikte der Gewalt gegen Frauen handelt, Vergewaltigungen oder etwa Diebstähle von Autos, Einbrüche und diverse andere Drogen und Gewaltverbrechen, es ist wahrscheinlich auch nicht übertrieben, denn es sind der größte Anteil dieser Kriminellen leider Ausländer, egal von wo sie nun herkommen, und wir geben ihnen noch Unterkunft und Verpflegung sowie nützen sie unser schon sehr geschwächtes Gesundheitssystem aus, daß als Dank, daß wir sie aufgenommen haben, weil unsere Politiker vertrottelt sind und alles machen was wir durch noch mehr vertrottelte EU Gesetze einhalten müssen.

Weil unser Gesundheitssystem noch nicht genug angeschlagen ist, hat am 25.9. hat Minister Rauch wieder eine „gute" Idee, (ich weiß nicht warum, aber immer wenn ich ihn im TV sehe, erinnert er mich an einen der „Marks Brothers") nämlich daß alle Hausärzte nun impfen sollen! Was absolut vertrottelt ist, weil man schon jetzt keine Termine dort bekommt und stundenlange Wartezeiten hat, also wie soll das funktionieren?

Egal um welche Minister es sich handelt, immer läuft bei uns was wirklich falsch, und natürlich wird die Opposition wie immer die Regierung beschuldigen, die ja unfähig ist, wie der PISA Test wieder mal bewiesen hat! Nur es ist ja kein Wunder, mit unseren Migranten wo über 50% in der Schule kein richtiges Deutsch sprechen können, also wie sollen wir dann bei einem PISA Test besser abschneiden?

ORF und anderen unnötige Medien!

Ich habe es schon vor zig Jahren angesprochen, ich verstehe nicht wieso der ORF nicht fähig ist, z.B. bei „Zeit im Bild" nicht dazu zu sagen, oder einzublenden, welcher Tag und Jahr es ist? Wenn man sich, was ich auch schon früher getan habe, die Nachrichten aufzeichnet, wo man ja beim Video Rekorder nicht nachsehen konnte, an welche Tag man die Aufzeichnung machte, wie es heute mit Digital doch schon möglich ist. Nur sehe ich dann eine Aufzeichnung, und der Moderator sagt zwar, es ist Donnerstag um 0900 Uhr, nur ich weiß nicht welches Jahr oder Tag es ist. Niemand beim ORF könnte mir dazu eine vernünftige Erklärung geben, warum sie mir diese Daten verheimlichen, außer daß bei der Regie lauter Vollkoffer sitzen, und eher fähigere Leute die Nachrichten produzieren sollten.

Das auch der ORF nichts anderes als „Boulevard" Sender ist und mit Medien wie ATV, „Heute" usw. auf eine Stufe zu stellen ist, denn egal um welche Uhrzeit und Sendung, es wird mal sofort mit den diversen großen Unglücken und Toten angefangen, um ja die Aufmerksamkeit der „Sechs Kategorien" zu haben, die „geil" auf solche Meldungen sind.

Was soll man glauben, wenn man in den TV Medien hört und sieht, wieviel Schaden die in Österreich geschützten Biber im Burgenland verursachen und dafür sorgen das Ernten ausfallen weil ihre Dämme die Äcker unter Wasser setzen und sogar Brücken unterschwemmen, die dann von den Gemeinden um viel Geld saniert werden müssen oder gesperrt werden! Gleichzeitig sieht man am nächsten Tag wie man sich freut, daß in Norditalien sich der Biber wieder ansiedelt, aber dort macht er keine Schäden sondern sorgt für ein besseres Biotop und ist gut für die Natur. Also haben die dort andere Biber oder wer bestimmt was nun die Biber wirklich machen, Schaden oder Nutzen?

Ganz groß wird über die Klimakonferenz in Dubai berichtet, was ja absolut eine „Chuzpe" ist, denn ausgerechnet in Dubai diese Konferenz abzuhalten, wo die ganze Stadt Klimatisiert ist und sicher das Klima am meisten belastet. Vielleicht sollten wir dann mal gleich in Nord Korea eine Menschenrechtskonferenz abhalten, es wäre ja der gleiche Effekt, oder nicht? Es ist wie unsere terroristischen Klimakleber, die Staus verursachen weil sie die Autos verdammen wollen, die ja so viel Schaden anrichten. Nur warum sagt eigentlich niemand dazu, daß gerade diese Generation von Klimaklebern, dann zu Hause stundenlang Videos „streamen" und die Server viel mehr Energie verbrauchen und somit mit dem dafür erzeugten Strom, mehr Schaden verursachen, als was es die Autos tun würden, würde man sie ungehindert fahren lassen? Diese Generation von „Selfidoten" dürfen ungehindert stundenlang ihre vertrottelten „Tik Tok" Videos und andere sozialen Medien aus dem Internet runterladen und weiterhin Schaden verursachen, weil da passiert ja nichts, der Strom kommt ja aus der Steckdose. Warum berichtet eigentlich der ORF nicht über diese Schäden die von den „Klimaterroristen" verursacht werden?

Wie ich schon in früheren Büchern aufgezeigt habe, daß wir uns mit den Asylanten, Flüchtlingen und Migranten die wir in Österreich aufgenommen haben und sie verköstigen und Unterkunft geben, auch den Krieg in unser eigenes Land geholt haben! Jetzt gibt es wegen dem Angriff der Hamas auf Israel, Demos die diesen Terror unterstützen und öffentlich den Haß gegen die Juden wieder neu anfachen! Nicht nur das sich die Türken in Favoriten mit anderen Migranten die ärgsten Kämpfe liefern, haben wir wieder genug in unser Land gelassen um den Antisemitismus neu zu entfachen und Dank der EU ist unser Land nicht mehr fähig, diese, meiner Meinung nach, Terroristen, wieder los zu werden und wir sind nicht mal mehr fähig unsere Bürger, geschweige denn, die anwesenden Juden in Österreich eine Sicherheit zu bieten.

Die anderen Demos werden natürlich von den Migranten Gruppen abgehalten, die wir in unser Land gelassen haben und ihnen alle Rechte gegeben haben. Jedenfalls können diverse Medien wieder viel darüber berichten um ja ein paar Schlagzeilen mehr zu haben. Nun ich weiß nicht zu wem ich helfen soll, und ich verstehe natürlich auch die Angehörigen, die noch immer von der Hamas festgehalten werden, und nun schreien Netanjahu muß abtreten. Nur wie soll man mit Terroristen verhandeln? Die USA hat öfters gesagt, sie verhandeln nicht mit Terroristen und da verstehe ich auch Israel wenn sie es nicht tun will. Vor allem nochmals, ich würde die Geisel nur 1:1 austauschen, nicht für 10 israelische Geiseln 50 Palästinenser laufenlassen, was für mich eine Diskriminierung ist, sind da Israelis weniger wert?

Wie soll man die Terroristen bekämpfen, wenn sie sich hinter Zivilisten verstecken, sie tragen ja keine Uniform und wer soll sie unterscheiden? Natürlich ist es eine Tragik und Katastrophe, das bereits im neuen Jahr 2024 nun über 22.000 Palästinenser tot sind, und über 55.000 verwundet wurden. Verständlich, daß nun alles für die Versorgung zu Ende geht, nur wenn dann Hilfslieferungen, statt zu den Zivilisten kommen, von der Hamas verwendet werden, ist es auch für mich verständlich, daß da Israel versucht es zu verhindern, was ja der gesunde Menschenverstand verstehen sollte. Natürlich zeigt man nun immer mehr Videos wo Kinder ihr Leid vor laufender Kamera klagen, wahrscheinlich glaubt man dadurch, daß Mitleid der Weltöffentlichkeit noch mehr „anzustacheln" und den Haß gegen Israel noch mehr zu schüren, nur es hat ja mit vielen Toten und Geiselnahme, die Hamas damit angefangen! Man regt sich natürlich fürchterlich auf, weil eine Rakete in einen Wohnblock einschlägt, nur sagt man nicht dazu, daß genau von dort die letzten Raketen gegen Israel abgeschossen wurden. Dank der heutigen Technik mit GPS und Satelliten kann man ja leicht feststellen woher sie kamen. Nun sollte ja auch schon der ganzen Welt bewußt geworden sein, was ja durch unzählige Beweise gebracht wurde.

Das die Hamas ihre Tunnel nicht nur in Zivilen Wohngebieten stationiert hat, sonder unter Schulen und Spitälern, also was soll man von solchen Terroristen nun halten?

Ich denke da an einen Film über „Pearl Harbor" wo die Japaner die USA angegriffen haben. Wo angeblich dann ein Kapitän eines japanischen Flugzeugträgers gesagt haben soll: *„Hoffentlich haben wir jetzt nicht einen schlafenden Löwen geweckt?"* Nun vielleicht sollte sich das die Hamas auch fragen? Nun nach diesen, zu diesem Zeitpunkt wo ich hier schreibe, die Kämpfe in Gaza schon zwei Monate dauern, hört man von der Ukraine weniger, obwohl dort die meisten Drohnen und Raketenangriffe seit Beginn vor ein paar Tagen waren, sogar wieder bis Kiew! Nun wie es dort weiter geht, weiß auch niemand, denn was da Putin wieder im Sinne hat, steht in den Sternen, aber es wird auch dort nicht sehr bald aufhören. Mir kommt manchmal vor, daß was den „Führern" an Körpergröße fehlt, machen sie durch Größenwahnsinn wett!

Bringt dann der ORF nicht „reißerische" Schlagzeilen, dann bezahlen sie irgendwelche dubiose „Adelsexperten" die dem saublöden Volk verraten, was Prinz Harry zum Frühstück hatte, oder was sich bei anderen Monarchen tut. Sollte mich das jemals interessieren, dann bitte ich mich sofort mit meiner eigenen „44 Magnum" zu erschießen, denn dann will ich nicht mehr leben. Wieso wir für diese Berichte sogar GIS bezahlen müssen, oder jetzt als Haushaltsabgabe tituliert, ist mir unklar. Oder wenn ich mit diversen Kochsendungen nicht nur beim ORF in jeder TV Station „unterhalten" werde, ist mir auch nicht bewußt, ich kann gerne darauf verzichten, aber anscheinend gefällt es der verblödeten Menschheit doch, wenn man solche Sendungen bringen kann. Vielleicht sollte man eine „Live" Übertragung machen, wo man jemanden beim Angeln zusehen kann, blöder als einen Adelsexperten zuzuhören, kann es ja auch nicht sein.

Auch verstehe ich nicht ganz, wieso der ORF einen eigenen Sportkanal hat, aber dann im Hauptabendprogramm tagelang irgendwelche Fußballspiele bringt, für was gibt es dann den Sportkanal? Das bei den sechs Kategorien natürlich mehr Fußballfans sind ist mir klar, aber das dann nur im „Servus TV" die Moto GP übertragen wird, weil der ORF nicht dazu fähig ist, wird mir auch nicht verständlich sein, denn wenn es nach mir ginge, könnten sie sich die Fußballübertragungen ganz sparen, aber das Volk braucht anscheinend „Brot und Spiele" im Hauptabendprogramm!

Es war ja schon früher der Fall, als ich noch relativ gut Bowling spielte, ich wurde sogar „Meister 73" nur da gibt es auch keine Übertragungen im ORF, sogar als Peter Schneller im Bowling Staatsmeister wurde, bekam er gerade vom Vizebürgermeister Pfloch, oder so ähnlich hat er geheißen, nur eine Bronze Medaille überreicht, und in der Kronen Zeitung wurde er mit einer kurzen Zeile erwähnt. Als Krankl seine Frau in Spanien einen Unfall hatte, brachte man einen Mittelaufschlag und es wurde tagelang darüber berichtet! Hoch lebe der Fußball!

Wenn man dem ORF schon was anrechnen kann, dann wenigstens, daß man die Werbungen nicht unter den Filmen sieht, aber er verdient ja damit auch noch genug. Nur frage ich mich jetzt auch schon, warum man sogar in den Werbungen immer mehr Kinder sieht. Für Tiefkühlkost sieht man wie ein Kind einen Teller abschleckt, was eher grenzdebil aussieht, und sogar bei Mittel gegen Verstopfung muß jetzt ein Kind daneben stehen, ich frage mich, warum? Genügt es nicht, daß sogar in der Werbung sich Lesben küssen oder Schwule gezeigt werden, sollte das die „Sechs Kategorien" anregen dann diese Produkte zu kaufen? Mich sicher nicht, ich brauche weder Schwule noch Lesben in der Werbung! Aber der ORF will uns anscheinend verkaufen, daß „QUEER" das Neue „IN" ist? Jedenfalls übertragen sie lieber Schwulen und Lesbenparade am Ring, nach dem Motto: Das neue „IN" sind Travestiten, Drag Queen, Schwule und Lesben, als den Moto GP! Müssen da nicht unsere Kinder schon gestört aufwachsen, wenn man ihnen allen nun einreden will, daß die alle normal sind? Vielleicht würde es weniger normal sein, wenn sie wie ich in der Jugend von Homosexuellen mehrfach belästigt wurden. (Ist in meinem Buch „Zum Denken verurteilt" nachzulesen)

Jedenfalls ist „Mobbing" in unseren Schulen ja an der Tagesordnung, also wenn ich dann als Kind mal meine Eltern vorstelle und sage: „Das ist „Karl" mein Vater, und das ist „Herbert" meine Mutter!" Also wenn das kein Anlaß für „Mobbing" ist, was ist es dann? Wie soll ein Kind begreifen, daß es angeblich normal ist? Ich denke es ist eher „wider" der Natur, und ich würde sicher nicht wollen, daß wenn ich ein Kind hätte, es von Schwulen betatscht wird, oder habe ich da nicht recht? Natürlich sind nicht alle Schwulen Pädophil, aber es genügen die Wenigen die dafür sorgen, daß man das ganze Leben daran denkt, und nicht alle können es sich von der Seele schreiben wie ich! Mir sind alle Schwulen und Lesben, und „Drag Queens" egal, solange sie mich nicht belästigen, und sie sollen auch alle Rechte bekommen wie Heteros, nur BITTE sagt mir nicht immer: ***„Wir sind alle gleich"***

Früheres Nachwort zum Erinnern zusammen gefaßt

Mir wäre es zwar lieber, aber leider kommen wir auch jetzt im Jänner 2023 nicht über das Thema „Corona" hinweg, nachdem nun China nach einer „null Covid" Politik, die Grenzen wieder geöffnet hat, und sicher heuer wieder ein „Donauinselfest" ohne Einschränkungen stattfinden wird, und man wieder die „Eigenverantwortung" in das verblödete Volk legt. Alles wieder ein Grund, für unsere, meiner Meinung nach „bescheuerte" Regierung mal lockere 400.000 € an Werbung für einen Schülerpaß auszugeben, was mich an die Webseite „Kaufhaus Österreich" erinnert, die jetzt eingestellt wurde nachdem sie 960.000 € gekostet hat, oder die Unsummen an Werbung für „Shöpping.at" wo man selbst wenn man ein Patriot ist, eigentlich nicht das bekommt was man will, und auf „Amazon" das ZWANZIG fache an Angeboten gemacht wird, also die Werbung dafür, mehr als vertrottelt ist, denn selbst wenn man versucht, so wie ich, sogar dreimal dort was zu bestellen, gibt auch der beste Patriot auf, auf einer „Österreichischen" Webseite was einzukaufen, denn außer Ärger, bekommt man dort nichts wirklich angeboten! Es werden auch noch immer die E-Autos und E-Bikes beworben und dafür hundert Tausende von Euro ausgegeben, aber keiner sagt dazu, welchen Schaden die ganzen Batterien für die Fahrräder, Tabletts, Handys bereits bei der Erzeugung und Abbau der Rohstoffe vor dem Kauf an Schaden an der Umwelt angerichtet haben, und sicher dieser Erwerb von diesen Batterie betriebenen Geräten, alles andere als „Grün" und umweltfreundlich ist, und nie sein wird, denn hier wird der „Klimaschutz" mit Füßen getreten und das Volk noch mehr verblödet was man ihm einreden will und kann.

Immer noch haben wir Probleme mit „Abschiebung" von Verbrechern, denn da in Afghanistan die Taliban nun fast wieder überall die „Oberhand" gewonnen haben, sollen wir nun alle Vergewaltiger, Messerstecher und Diebe in Österreich behalten und dürfen sie laut EU nicht mehr in ihr Land zurück schicken. Mit diesem Problem kommen nun auch nun wieder hunderte Flüchtlinge in Burgenland über die Grenzen, und die Gutmenschen erklären uns wieder, was wir für ein Glück haben in Österreich geboren zu sein und nicht in einem Land wo Krieg ist. Nur verstehe ich trotzdem nicht, warum diese „armen Menschen" trotzdem weiterhin züchten wie die „Meerschweinchen" und sogar in Flüchtlingslagern wo es nicht mal was zu essen gibt, weiterhin Kinder in die Welt setzen? Unser Gesundheitssystem „kracht" an allen Ecken weil wir schon den ganzen Ostblock mit unserer „E-Card" versorgen und wir Österreicher nun Monate auf einen Arzttermin warten müssen, oder man hat das Geld für einen Wahlarzt, was ich mir sicher nicht leisten kann, und sie sagen jetzt im TV daß viele unter der Armutsgrenze leben, die sie jetzt sogar mit 1328.-€ angeben, (ich bekomme 977.- Mindestrente, auch meine Frau hat nicht mehr also weit unter der Armutsgrenze) also habe ich die letzten 40 Jahre unter der Armutsgrenze gelebt und mir hat niemand eine Wohnung gegeben noch die Miete und den Unterhalt bezahlt, wie wir es für zig tausende Asylanten seit Jahren machen. Ich frage mich wie lange es noch gutgehen kann, und welche Idee die Regierung dazu hat, wie alle Regierungen vorher die auch keine hatten, sollen wir Österreicher nun unsere Heimat verlassen, damit die Migranten mehr Platz haben? Vor allem ist die Mindestrente mit 977.- € weit entfernt von der jetzigen angegebenen Armutsgrenze!

Bitte mich nicht falsch verstehen, aber ich kann es schon nicht mehr hören, daß alle Menschen angeblich gleich sind, denn von einer „Gleichheit" kann in keinster Form eine Rede sein, geschweige denn mit der Kultur oder was noch ärger und vertrottelter ist, in der Religion. Um das leidliche Thema noch mal aufzuzeigen, ich fühle mich sicher nicht als was „besseres" noch weniger als „elitär", nur lasse ich mich sicher nicht auf dieselbe Stufe stellen, wie die „sechs Kategorien" die sich Sendungen wie „Amore unter Palmen", „Das Geschäft mit der

Liebe", „Mein Gemeindebau" oder über Reportagen von Lignano usw. wo man sich dafür geniert ein Österreicher oder besser gesagt, ein „Mensch" zu sein. Wobei wie ich schon mal in vorigen Bücher geschrieben habe, gehören nicht nur die Leute die sich solche einen scheiß ansehen in eine Anstalt, sondern die Redaktionen die es zulassen sowas in den Boulevard privat Sendern zu senden, wobei der „unabhängige" stattliche ORF mit „Liebesgeschichten und Heiratssachen" um keinen Deut besser ist. Jetzt gibt es ja wieder in den Oppositionsparteien Aufregung weil ein türkiser Programmdirektor gewählt wurde, wie wenn es zu der Zeit als die SPÖ am Ruder war, es anders gewesen ist, nur wer dann noch sagt unsere Sender sind „unabhängig" kann nur total verblödet sein oder noch an den Weihnachtsmann glauben.

Weil wir gerade beim ORF sind, muß ich mich nochmals über die diversen Moderatoren „aufregen" wo könnte ich mich sonst darüber beschweren als hier. Ich sehe mir wegen der Nachrichten gerne das „Frühstücksfernsehen" an, was mir in manchen Berichten, egal ob „Puls 4" oder „ORF" schmerzen bereitet, und ich mich frage, wieso bringen die so was? Daß die Leute ferngesteuert sind, habe ich ja schon erklärt, nur warum in „Puls 4" z.B. der eigentlich sympathische Andi wie viele ferngesteuerte die „Mode" mit zerrissenen Jeans noch im TV vorzeigen muß ist mir unklar, ist das Volk nicht so schon verblödete genug? Sollte er aber zerrissene Jeans tragen müssen, weil er von Sender eingekleidet wird, dann tut er mir noch mehr leid, denn ich würde sie sicher nicht anziehen und diese vertrottelte Mode vor Publikum tragen, denn so viel Ehrgefühl sollte ein Mensch trotzdem es sein Job ist, doch haben. Die „Musiker" die sie da manchmal vorstellen sollten auch nicht öffentlich gezeigt werden, dabei rede ich da noch gar nicht von der „Wall of fame" noch eine der Berichte die fürchterlich weh tun, über den Moderator möchte ich nicht mal eine Zeile verschwenden.

Erwähnen möchte ich da auch noch die Moderatorin Eva Pölzl die eigentlich auch sehr sympathisch ist, nur leider kommt sie mir persönlich vor, wie ein weiblicher „Heinz Conrad". Ich muß ihr allerdings hoch anrechnen, wie sie es schafft mit ihrem „süffisanten" Lächeln stundenlang durch die Sendung zu kommen. Was ich über die „Musiker" halte, die da von der ORF Redaktion immer eingeladen werden, habe ich ja schon im 4. Kapitel von meinem Buch *„Wie weit können wir noch verblöden?"* beschrieben und die „Lieder" aufgeschrieben, also kann da die Fr. Pölzl nichts dafür, nur wenn sie die Musiker dann nach ihren Vorträgen begrüßt und interviewt, „zucke" ich aus, denn wie kann ich bei jedem in einem Anfall von Begeisterung fallen? Jedes Mal höre ich von ihr, ein WOW, SUPER und wie herrlich dieses „Musikstück" war, und damit wird sie für mich mehr als unglaubhaft. Mir ist natürlich klar, daß sie nicht ehrlich sein kann und sagen was sie wirklich von dem „Lied" hält, aber was sie macht ist mehr als übertrieben, und nur wenn sie eventuell an „Geschmacksverwirrung" leiden würde, wäre es zu erklären, daß ihr jedes „Lied" so fürchterlich es auch ist, so gut gefällt, denn das kann nicht normal sein. Ich weiß zwar, daß es Krankheiten gibt, wie zum Beispiel bei „Epilepsie", daß als Nachwirkungen nach einem *„Grand Mal"* dann abnorme Sinnesempfindung, wie z.B. *„Geschmack Sensation"* auftreten können, was aber bei der Fr. Pölzl nicht der Fall ist, da sie ja sicher nicht krank ist aber ihre Begeisterung nur gespielt, aber sicher nicht immer ehrlich sein kann. Auch wenn es mir als Moderator verboten ist, meine Meinung zu sagen, muß ich nicht diese unnatürliche Begeisterung heucheln, denn so was macht sie unsympathisch, was sicher kein Vorteil sein kann, es wäre glaubwürdiger wenn sie freundlich neutral bleiben würde.

Hier muß ich noch anmerken, wie „Corona" diese angebliche „Musikbranche" beeinflußt hat, denn viele dieser angeblichen „Musiker", jedenfalls behaupten sie das, bekommen noch Geld vom

„Musikfond" bezahlt, und was noch fürchterlicher ist, sie hatten in der Zeit des Lockdowns noch Zeit, mehr von dem „Schmarrn" zu komponieren und zu texten, was der größte Schaden an der Pandemie ist, denn wie ich an den unzähligen Lieder die ich schon im 4. Kapitel aufgezählt habe, wäre der Menschheit viel erspart geblieben wenn sie diese Musik nicht auf den vertrottelten Musikmarkt gebracht hätten, wie wenn nicht „Helene Fischer", „DJ Ötzi" und „Volks Rock an Roller Gabalier" schon Strafe genug wäre. Denn was hier an Musiker vorgestellt wird, fällt unter der von mir „erfundenen 90:10 Regel" wobei man hier sicher 90% der vorgestellten „Musiker" ersparen könnte, denn es ist eine Frechheit was sich heute so alles „Musiker" oder „Kabarettist" nennt, denn da könnte ich mich selber auch als Schriftsteller bezeichnen, was ich aber sicher nicht tun werde.

Heute im Jänner 2024 bin ich zu einem Ende dieser „Endlos Story" gekommen und ich habe die Feststellung gemacht, nur durch den größten Fluch des Jahrhunderts, daß Internet und der Erfindung des „Smart Phone" ist es möglich, daß es für Chaoten und Idioten ein Zufluchtsort wurde, und sich soziale Medien wie „Face book", „Instagram", „Whats app", „Tik Tok" und millionen von „Pod casts" und „Youtube" Videos wie die Pest über die total verblödete Menschheit verbreiten konnten.

Hier noch ein paar Zitate die auf mich zutreffen könnten:

Ein Schiff, das im Hafen liegt, ist sicher vor dem Sturm. Aber dafür ist es nicht gebaut.

Das Leben ist dazu da, um gelebt zu werden und nicht um "begriffen" zu werden, oder sich vorgegebenen Mustern zu fügen. (Bruce Lee)

Das Aussehen entscheidet vielleicht wer zusammen kommt. Doch der Charakter entscheidet wer zusammen bleibt.

Immer die Wahrheit sagen bringt einem wahrscheinlich nicht viele Freunde, aber dafür die Richtigen. (John Lennon)

Dieses Zitat dürfte auf unsere Nachbarn zutreffen:

"Wer gegen Tiere grausam ist, kann kein guter Mensch sein."

Mit diesem Satz hat der Philosoph Arthur Schopenhauer eine Annahme formuliert, die tief in der abendländischen Kultur verwurzelt ist: Im Verhältnis zu seinen Mitgeschöpfen spiegelt sich das Verhältnis des Menschen zu seinesgleichen wider.

Und nochmals ein Zitat von Jean-Jacques Rousseau, daß wahrscheinlich auf 90% der „sechs Kategorien" Menschen zutrifft und sie dieses Buch eher nicht lesen sollten da in meinem Buch nur wahrheitsgetreue Berichte und sicher nichts fiktives steht:

„Hüten wir uns, denen die Wahrheit mitzuteilen, die nicht imstande sind, sie zu fassen."

Und leider wird uns dieses Zitat von Robert Frost sicher nicht mehr näher zu unseren Nachbarn bringen:

Nichts bringt zwei Nachbarn so nahe wie ein guter Zaun

https://www.bod.de/buchshop/unter-dem-key-of-life-1-teil-erich-beyer-9783743152038

Unter dem „Key of life" 2.Teil   Hardcover
„Bermuda Dreieck und zurück"   280 Seiten davon 86 in Farbe
Buch ISBN-13: 9783743195677   E-Book ISBN 9783749415595
https://www.bod.de/buchshop/unter-dem-key-of-life-2-teil-erich-beyer-9783743195677

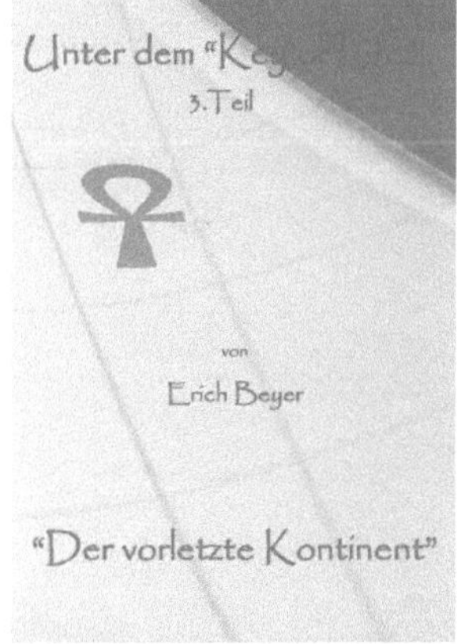

Unter dem „Key of life" 3. Teil   Buch Hardcover
„Der vorletzte Kontinent"   436 Seiten davon 254 in Farbe

Buch ISBN 9783746016283   E-Book ISBN 9783749443215
https://www.bod.de/buchshop/unter-dem-key-of-life-3-teil-erich-beyer-9783746016283

Mit S.Y. Braveheart durch Hurrikan Debie   Paperback
112 Seiten   45 Seiten in Farbe
ISBN: 9783751976091 E-Book ISBN 9783752675894
https://www.bod.de/buchshop/mit-s-y-braveheart-durch-hurrikan-debie-erich-beyer-9783751976091

Mit jeder APP wirst mehr zum Depp!   ISBN: -13: 9783751956161

Paperback   132 Seiten   E-Book: ISBN-13: 9783751992381
https://www.bod.de/buchshop/mit-jeder-app-wirst-mehr-zum-depp-erich-beyer-9783751956161

"Reiseberichte unter dem Key of life von 1999 bis 2020"
Paperback Version mit 328 Seiten, davon 69 Farbfotos mit der
ISBN: 9783752611618, E- book ISBN-13: 9783752634815
https://www.bod.de/buchshop/catalogsearch/result/?q=+Reiseberichte+unter+dem+Key+of+life

„Logbuchauszüge M.S.Y. Manuda von 1994 bis 1998"   Paperback
420 Seiten   ISBN: 9783752644074   E- book ISBN-13:
9783752635355
https://www.bod.de/buchshop/logbuchauszuege-manuda-erich-beyer-9783752644074

Beginn mit der „Key of life"   Der Anfang mit Kauf der Segelyacht
 1.Teil Beginn der 1. Saison 1985 in Jugoslawien bis Malta 1986
Paperback 240 Seiten davon 120 in Farbe
ISBN-13: 9783753420271 E- Book ISBN-13: 9783753412252
https://www.bod.de/buchshop/beginn-mit-der-key-of-life-erich-beyer-9783753420271

2. Saison mit der „Key of life"   2.Teil in Jugoslawien u. Malta 1986-87
Paperback 232 Seiten mit 102 Fotoseiten, ISBN: 9783753459967
https://www.bod.de/buchshop/2-saison-mit-der-key-of-life-erich-beyer-9783753459967

3. Saison mit der „Key of life"   3.Teil in Jugoslawien u. Malta 1987-88
Paperback 216 Seiten mit 146 Fotoseiten,
ISBN: 9783753473475 E – Book 9783753474267
https://www.bod.de/buchshop/3-saison-mit-der-key-of-life-erich-beyer-9783753473475

Wie weit können wir noch verblöden?
BBB - Beyer's Beschwerde Buch **Paperback 180 Seiten**
ISBN-13: 9783754334638 E-Book ISBN-13: 9783754367872
https://www.bod.de/buchshop/wie-weit-koennen-wir-noch-verbloedeno-erich-beyer-9783754334638

4. Saison mit der „Key of life" *4.Teil in Jugoslawien und Malta*
„Start in die vierte Saison 1988 – 1989 *E-Book* ISBN 9783754358122
Paperback 244 Seiten davon 134 in Farbe ISBN: 9783754356210
https://www.bod.de/buchshop/catalogsearch/result/?q=Erich+Beyer

5. Saison mit der „Key of life"   Fünfter und letzter Teil in Kroatien, Malta u. Italien   Start in fünfte Saison 1989-90

ISBN:9783755738121Paperback 220 Seiten davon 141 Farbseiten

https://www.bod.de/buchshop/5-saison-mit-der-key-of-life-erich-beyer-9783755738121

Der Beginn mit „Manuda"   1.Teil „Unter dem Key of life mit Manuda"
Start in Italien 1992 und „Manuda" auf der Werft in Malta bis 1993

Paperback 212 Seiten davon 131 in Farbe   ISBN-13: 9783755760498

https://www.bod.de/buchshop/der-beginn-mit-manuda-erich-beyer-9783755760498

„M.S.Y.Manuda" Saison 1993 bis 94   2.Teil Unter dem Key of life
mit Manuda Saison 1993-94 in Kriegswirren mit Manuda in Kroatien
Paperback 272 Seiten davon 175 in Farbe   ISBN: 9783755785606
https://www.bod.de/buchshop/m-s-y-manuda-saison-1993-bis-1994-
erich-beyer-9783755785606

„M.S.Y.MANUDA" Saison 1995   3.Teil Unter dem Key of life mit
Manuda Saison 1995 mit Manuda im Krieg in Kroatien
Paperback 184 Seiten davon 104 Farbseiten ISBN: 9783755774754

94

„M.S.Y.MANUDA" Saison 1996   4.Teil Unter dem Key of life mit Manuda   Saison 1996 mit Manuda nach dem Krieg in Kroatien Paperback 212 Seiten davon 106 Farbseiten ISBN: 9783753491066

„M.S.Y.MANUDA" Saison 1997   5.Teil Unter dem Key of life mit Manuda Kroatisches „Service" mit Einbrüchen und Abzocke Paperback 276 Seiten davon 114 Farbseiten ISBN: 9783754333532

„M.S.Y.MANUDA" Saison 1998 - 1999   6.Teil Unter dem Key of life
mit Manuda Letzter Teil, Kroatien ist zu vergessen
Paperback 308 Seiten davon 127 Farbseiten ISBN: 9783756200658
https://www.bod.de/buchshop/msy-manuda-saison-1998-1999-erich-beyer-9783756200658

Beginn mit Motorbooten   „M.Y.Andrea" und „ELAN´F-606"
Jugoslawien 1982 und 1983 von „Mali Losinj" bis „Dubrovnik"
Paperback 136 Seiten davon 92 in Farbe   ISBN: 9783756207084
https://www.bod.de/buchshop/beginn-mit-motorbooten-erich-beyer-9783756207084

Motorsegler „Antn"   Unter dem Key of life mit „Antn" 1983
Jugoslawien 1983 mit MÖN 27 „Antn"
Paperback 84 Seiten davon47 in Farbe   ISBN: 9783756210985
https://www.bod.de/buchshop/motorsegler-antn-erich-beyer-9783756210985

Ein Sommer mit „Sourire" - Unter dem Key of life mit Sourire 1984
Jugoslawien 1984 mit „Sourire" ISBN: 9783756231980
Paperback 148 Seiten davon 80 in Farbe
https://www.bod.de/buchshop/ein-sommer-mit-sourire-erich-beyer-9783756231980

Alles was bleibt ist negativ!

Paperback 128 Seiten   ISBN-13: 9783756256327

„Gesammelte Emails von 2020 bis 2022"

Paperback 348 Seiten 204 in Farbe ISBN-13: 9783756887408

ERICH BEYER:

Geboren am 25. Mai 1950 in Österreich, gelernter KFZ Mechaniker, über Abendkurse in Schwachstromtechnik und Elektronik über Elektriker in fast alle Berufssparten rein geschnuppert. Lange Jahre als Disc Jokey durch die Lande gezogen und nach Anzeigenleiter bei Bezirkszeitung Hietzing mit eigenem Werbebüro Pleite gegangen, später als Geldtransportfahrer und Body Guard den Lebensunterhalt verdient. Das Küstenpatent und den BK und BR Segelschein gemacht und in weiterer Folge bei der Jugoslawischen Berufsmarine das Schiffpatent bis 25 BRT und nach genügend Seemeilen noch das Patent bis 50 BRT abgelegt. Bei BSAC die Prüfung für Drei Stern Advanced Diver in Malta gemacht. 23 Jahren unter dem *„Key of life"* mit dem Segelboot vom Mittelmeer bis zur Karibik unterwegs gewesen. Bereits1984 gründete ich den „Segelclub - ANKH" von dem ich Obmann war und der nachdem unsere „Key of Life I" am 3. Jänner 2021 in „Petite Martinique" aufs Riff getrieben und gesunken ist, nur mehr auf der Webseite existiert. Meine Frau Gabriela heiratete ich am 30. September 1999 im Courthouse von Broward County in Ft. Lauderdale und war mit ihr auf unserer „KEY OF LIFE I" in der Karibik unterwegs und bis Dato mit Logbuch belegt über 60.000 Seemeilen zurück gelegt. Wer noch mehr über mich wissen will, kann sich meine Bücher kaufen oder in der HP nachlesen:

www.segelclub.ankh-refugium.com
oder
www.ankh-refugium.com

Mein 72igster Geburtstag mit Shiva „La Bestia" oder auch „Krawallo" genannt!

Fertig gestellt am 8. Jänner 2024 nach nun fast einem Jahr, denn auch begonnen habe ich hier in Skradin am Freitag den 13. Jänner 2023.

Skradin / Kroatien

Autor: Erich Beyer